姜雯漪 / 著

愿你出走半生，归来仍是少年

——徐志摩传

中国华侨出版社
·北京·

他说："我将于茫茫人海中访我唯一灵魂之伴侣；得之，我幸；不得，我命，如此而已。"他想作诗便作一手好诗，并为新诗创立新格；他想写散文便把散文写得淋漓尽致出类拔萃；他想恋爱便爱得昏天黑地无所顾忌……他，就是徐志摩。

徐志摩是中国现代文坛最具特色、最有才华的作家之一，他是开一代诗风的"新月派"的主将，被誉为"中国的雪莱"，对我国新诗的发展做出了不可磨灭的贡献。他谈话是诗，举动是诗，毕生行径都是诗，没有他诗坛是寂寞的。他的诗风格欧化，在艺术形式上富于变化，但又不失整饬；语言清新，洗练，以口语入诗，但又不失文雅；音乐性强，但又不囿于韵脚，而追求的是内在的节奏感和旋律美。他的大量诗作在情感的宣泄、意境的营造、节奏的追求和形式的探求诸方面，都为后世留下了珍贵的启迪，体现了其特殊的美学价值。

他的小说作品虽数量不多，但也颇有新意，既有散文化特色，又有西方现代小说的意味。在作品中，他好用诗的句型、艳丽形象的比附、抒情的笔调，因而，多带有浪漫的抒情色彩，具有"独特的华丽"的格调。

他热爱交际，在他的交友名单里，几乎囊括了所有民国同时期杰出人士的姓名。他感情经历丰富，和他相关的女人都是名门才女。他把爱情演绎到了极致，情烈时极端快乐，情去时极端悲哀。在这欢喜悲哀中，徐志摩上升为一位情圣式的诗人，他们的故事也总是被人提起、叹赏、吟诵。即使在很多年之后，与之有过关联的张幼仪、林徽因和陆小曼，也一再被人们提起。徐志摩的《翡冷翠的一夜》《爱眉小札》更是为后人提供了恋爱的最高典范。

本书记述了徐志摩的一生，从出生到求学到离世。同时，还收录了徐志摩的部分经典诗作，会让你看到一个充满文采、充满激情、充满睿智的徐志摩。

目录

CONTENTS

七·你若离去，后会无期

一

那时花未开

• 人生若只如初见

有人说，爱一座城市，实际上爱的是这个城市里的某一个人。所以，在爱上城市以前，请先在这里谈一场恋爱。这样，你才能把心留给这座城市，如果你的爱人没有离开这里，那么，你的心就永远无法从这座城市离开。

徐志摩说，康桥是他的爱。康桥令他觉得幸福，幸福得他从未忘记，以至于多少年后，当他重新回到这里，仍旧向它倾弹了深情的夜曲。这样的情感，或许正是因为他爱上了这里的林徽因。

感情很玄妙，有的人日日在你眼前，你却对他视而不见；可有的人，只一眼，便是一世的记挂。徐志摩从来没有想到，他为了追随罗素，从美国追到伦敦。罗素没有见着，却认识了让他一眼便记挂了一世的林徽因。

那天，徐志摩听说国际联盟同志会理事林长民先生，将在伦敦国际联盟协会上发表演说。这位人称"书生逸士"的林长民，在当时提倡宪政、推进民主、热心公益；他与徐志摩的老师梁启超是政治上的知己，生活中的挚友。徐志摩早就仰慕这位前辈的人格魅力，这次听说他来伦敦演讲，便拉了同在伦敦的陈西滢与章士钊一同去看。这一看，两人便成了忘年交。林长民很喜欢这位年轻的朋友，一见面便引为知己。此后，徐志摩便常到林长民的家里喝茶，聊天，说点政治，谈点诗艺。也正是这时，徐志摩认识了林长民的女儿，林徽因。

林徽因，系出名门，蕙质兰心。这年她16岁，跟着父亲到欧洲。依着父亲的意思，她到这儿来，为的是增长见识；同时领悟父亲林长民的胸怀与抱负，扩大眼界养成将来改良社会的见解与能力。这样的抱负，在徐志摩初见她时，想来也洞察不到。徐志摩在林长民家里见到的，只是一个16岁的少女。她16岁的面容，没有风霜与世俗尘埃，秀丽纯净；但她16岁的眼中，已有聪慧的光在闪；16岁，少女一身白衣，仿佛刚从烟雨朦胧的南国小巷里走出，带着一身水漾的诗意与一身清丽，优雅而灵动，如一件精美的瓷器。这样的女子，让徐志摩一眼，便是一世。

那是一个关乎理想的时代，甚至连爱情都与理想有关。偏偏，徐志摩是个浪漫的理想主义者，所以很多人说，徐志摩对林徽因热烈的爱只是一种理想。在他眼中，林徽因是新女性。她自小便受新式教育；她 16 岁便跟着父亲游历欧洲，眼界开阔；她会流利的英文；她结交众多外国名士……不必说，这样的女人与张幼仪相比，一个天上，一个地下。所以，徐志摩恋爱了，第一次，以自由的名义，从他的灵魂深处，爱上了这个从自己的理想中走出来的女子。纵使他爱的，真的只是那个被自己理想化了的林徽因又如何？他生来便是为了理想而前行。

于是，徐志摩愈加频繁地出现在林长民的寓所。或许就连他自己都未曾觉察，究竟从何时开始，他的初衷从找林长民，变成了找林徽因。

徐志摩叫这个灵气逼人的女孩"徽徽"。有了徽徽的生活一下变得丰富起来。他可以与徽徽谈诗，谈艺术，谈书法，看戏剧，跳舞；他所有的情感可以向徽徽倾诉；他的理想与追求可以被徽徽理解；他每一次的激情迸发，都能得到回应……

浪漫的徐志摩开始了对林徽因的热烈追求。他想用自己的热烈换他的徽徽许他一个未来。可 1920 年 12 月，林徽因的父亲林长民给他去了一封信，信上说："足下用情之烈令人感悚，徽亦惶恐不知何以为答，并无丝毫 mockery（嘲笑），想足下误解了……徽言附候。"看来，徐志摩的热烈着实吓着了林徽因。本来，他们认识不过月余，况且林徽因第一眼见到徐志摩时，差点管这个爱慕她的男人叫"叔叔"。这也难怪，那时的徐志摩已为人夫，已为人父，而林徽因无论如何新式，却终归是个16岁的女中学生。或许，这小小的误会正折射出一个事实：林徽因初识徐志摩时，对他更多的是怀着尊敬与仰慕。

此时的林徽因，面对徐志摩的追求有"惶恐"，有羞涩。她或许并不知道应该如何回应徐志摩的追求，但她的心里，也定然藏着喜悦——那样一个才华横溢、浪漫而多情的男人出现在自己的生命中，哪一个少女能不心动。所以，当时间前行，最初的惶恐与羞涩褪去后，他们的交往愈加亲密起来，特别是在林长民到瑞士开国联大会以后。

那是1921年6月，徐志摩经狄更生介绍，成为剑桥大学王家学院的特别生。张幼仪此时已经到了伦敦，与徐志摩一同住了沙士顿。不久，张幼仪便发现她的丈夫频繁地往理发店跑。尽管张幼仪明白这与一个女人有关，但她却未必知晓其中的细节。其实，徐志摩每天一大早出门，为的是赶到理发店对街的杂货铺——他用那里当作收信地址，收林徽因从伦敦来的信。

伦敦那边，林徽因由于父亲到瑞士开国联大会，而过着"闷到实在不能不哭"的日子。用林徽因自己的话说，当时的她总希望生活中能发生点儿浪漫，而所有浪漫之中，最要紧的是，要有个人来爱她。但她面对的，却是伦敦除了下雨还是下雨的天气，没有一个浪漫聪明的人同她一起玩。这时，沙士顿的来信，无疑是为伦敦下雨的阴沉天空里注入了一点浪漫的阳光。而她从伦敦寄出的信，也仿佛是一阵奇异的风吹过徐志摩的心头，他的"性灵"也似乎一下子从懵懂与彷徨中看到了光亮。于是，康河柔荡的水波旁，诞生了中国近代史上最浪漫多情的诗人。

寂寞少女的心头有了浪漫的诗人，浪漫诗人的灵魂有了伴侣。可是一切就像电影突然中断了放映那样，几个月后，诗人的灵魂伴侣却抛下他回国，没有给徐志摩留下任何解释。

徐志摩的爱，像不断跳荡着向前的小溪，欢快热烈，无遮无掩，这正像他；而林徽因的感情却像伦敦永恒的轻雾，轻轻晕出迷蒙的暧昧，这也像她。今天，我们将这段感情从记忆的旧书箱中翻出，也只能看着点模糊的光影。我们用想象描摹着光影，再无法还原当年的影像。但无论如何，"林徽因"三个字，如康桥上升起的轻雾永远缭绕着徐志摩，从不曾从徐志摩的生命中消散。

• **充满东方色彩的寻师问道**

在著名汉学家魏雷的眼中，徐志摩在英国的经历，是一场充满了东方色彩的寻师问道。徐志摩怀着顶礼膜拜的心情来跟从罗素，为此他甚至连哥伦比亚大学的博士学位都不珍惜，漂洋过海到了英国。可罗素那时已经离开剑桥大学，无奈之下，徐志摩进了伦敦政治经济学院。后来，他转到了康桥。

在康桥，他进行了一场心灵革命。他先是下定了决心与张幼仪离婚，这决心一下，灵魂便得到了释放。而他生活中的忧郁，似乎也在张幼仪离开沙士顿后被带走。于是，那一年，离了婚的徐志摩开始了真正的康桥生活，他眼中的一切都变得韵致非常。

他每天在清晨富丽的温柔中骑着单车上学，又在黄昏返家；当黄昏的晚钟敲响时，他会放眼一片无遮拦的田野中，或斜倚在软草里，等待天边第一颗星的出现；有时，他也会站在王家学院桥边的榆荫下，眺望妩媚的校友居，瞻仰艳丽蔷薇映衬下圣克莱亚学院里玲珑的方庭；而康河两岸协调匀称的学院建筑，是他永远看不厌的风景；他也曾在河边的一处果园里喝茶休憩，等着成熟的果子跳入他的茶中，看着跳跃的小雀落到他的桌上觅食。

也许，他最喜欢的，是单独一人到康河那儿去，在这份"单独"里寻味着康河，就像寻味着一位挚友。河流梦一般淌过翠微的草坪，怀抱住了这里所有的灵性。徐志摩就像当年的拜伦，徘徊于河边，久久不去。这是他向往的自然，是他爱的"美"。当年康河的水抚慰了拜伦的心，而今它激荡了另一个人的性灵，如一帖"灵魂的补剂"注入了徐志摩天性敏感而多情的心里。

但是，徐志摩的心灵革命历程中，不仅仅有柔丽风光与闲适的生活，如果仅是这样，那便称不上"革命"。康桥生活之所以能让他脱胎换骨般重生，与他在那里结识的人有关。

还是先从他刚到伦敦时说起。

徐志摩刚到伦敦时，很快便与一众中国旅英学者、留学生们打得火热。林长民、章士钊、陈西滢等人，都是在他就读伦敦政治经济学院期间结识的。后来，借着陈西滢的关系，徐志摩认识了著名作家威尔斯，又通过威尔斯认识了魏雷。威尔斯与魏雷都是英国鼎鼎有名的作家、学者，他们对徐志摩的印象极好，威尔斯甚至认为，和徐志摩的会见是他一生中最激动人心的事件之一。这句话，对一个默默无闻的青年学生而言，已是极高的赞誉。

与倾心仰慕的名士相交，还能得到如此荣耀，羡杀多少旁人，可徐志摩却实觉得"闷"。但如果你能了解，此时的徐志摩已经冲淡了留学之初的野心——做中国的 Hamilton（汉密尔顿）——那就能理解他"闷"的由来。

在美国时，徐志摩也是钟情于政治的人。他在哥伦比亚大学念的政治学系，也算是政治学科班出身的人。无怪乎当年的他会自动自发加入中国留美学生的爱国组织"国防会"；也难怪他会写文章，讨论社会主义；当五四爱国运动的热潮从中国越洋袭来时，他热情高涨。多少年后，吴宓还清楚地记得，那时的徐志摩又是打电话到巴黎阻止中国和会代表签字；又是在美国报纸上登文章，还参与中国留美学生会，讨论弹劾某人……忙得十分起劲。就连他自己也说，那时他对诗的兴味远不如对于相对论或民约论的兴味。

就是这样一个曾经被称为"中国鲍雪微克"的青年，到了英国，结识了众多英国名士后，对文学的兴趣日长。于是，美国的日子在他眼里变成了一笔糊涂账。伦敦政治经济学院里那些枯燥的政治学课程与古板的教授，也自然变得烦闷无趣。正当徐志摩开始揣摩，如何换条路走时，他遇到了狄更生。狄更生看出了徐志摩的烦恼，便介绍他进剑桥大学，做了"特别生"。

进了剑桥，徐志摩的交际愈加广泛。这位风度翩翩的儒雅中国士子，时常身着长衫与师友们高谈阔论。瑞恰慈、欧格敦、吴雅各这样的先锋学者，都是他乐于交往的对象。在这些人中，欧格敦是邪学会（The Heretics' Club）的创立者。这个学会主要研究诗歌创作与翻译，由于他们总是发表一些与传统思想相异的，所谓"异端邪说"，故而自称"邪学会"。徐志摩参与其中，与人积极地讨论中国诗学，成了团体中的活跃分子。

除了青年学者，徐志摩在剑桥的岁月，还与作家嘉本特、曼殊斐儿、美术家傅来义的名字连在一起。徐志摩跟他们说唐诗，也跟他们说中国诗翻译，他的深厚的文学素养，加上流利的英文，令他在这些文人雅士中，如鱼入深潭，悠闲自在。当其他中国留学生抱怨难以融入欧洲生活时，徐志摩似乎是一下子就从中国士子儒雅生活的主流跳进了欧洲的诗人、艺术家和思想家的行列。这些欧洲文人、学者们通过徐志摩，第一次真正清晰地看见"文学艺术这些事物在现代中国有教养的人士中的地位"。而徐志摩也在他们的影响下，真正将自己的兴趣指向了文学。

浪漫主义与理想主义已经在徐志摩的心里扎下了根。他开始奉拜伦为偶像，总爱把自己视作拜伦式的英雄。尽管在魏雷看来，徐志摩缺乏拜伦式的愤世嫉俗，但他的确在日后的生活中，彰显了拜伦式的我行我素与倔强叛逆。或许，徐志摩从来没有想过他会在康桥遇到一场心灵革命。他查过家谱，祖上无论哪一代，都不曾有人写出过哪怕一行可供人诵读的诗句，但现在他开了家族之先河，成了诗人。这一切都源于康桥，而来康桥则全为罗素。

作为蜚声国际的哲学家，罗素也一向热衷于讨论政治，并积极参与各种政治活动。第一次世界大战期间，罗素就积极从事各种反战活动。他先是进行了一系列和平演讲，接着又撰写反战传单，为此罗素被罚了100英镑。他不服，拒不付罚金，于是政府变卖了他在剑桥大学的藏书。不怕，继续发表反战文章，最后终被逮捕。正是带着对人类命运的深切同情，罗素对抗着政府和社会舆论的压力，捍卫真理，绝不屈节。这一切，落进当时还在美国当"中国鲍雪微克"的徐志摩眼中，引得这位青年学生对他的人格无比景仰。

所以，徐志摩开始阅读罗素的书，这下更是让徐志摩领教了罗素的渊博学识。1920 年 10 月罗素访华。这期间，他发表了多次演说，其观点震动当时中国的知识界。这种震动，随着报纸，波及大洋彼岸的徐志摩。终于，徐志摩毅然放弃了哥伦比亚大学的博士头衔，乘船到了英国，想跟罗素这位 20 世纪的伏尔泰，认真念一点书。

可直到徐志摩到了伦敦以后才知道，罗素竟然会因其在"一战"期间的和平主张，被剑桥大学三一学院除名。这令徐志摩有些失落。无奈之下，他只得进了伦敦政治经济学院，跟着拉斯基教授继续学他原来的政治学。第一次寻访，他与罗素失之交臂。

直到徐志摩进了剑桥大学，终于又有了机会。1921 年 9 月，罗素回到英国，与他的第二任妻子住在伦敦，靠卖文章过日子。十月，徐志摩从欧格敦那里打听到罗素的地址后，便找机会拜访了这位神往已久的 20 世纪的伏尔泰。

从此以后，他开始了与罗素的密切往来。罗素时常会从伦敦到欧格敦的邪学会做演讲，徐志摩便经常有机会得以瞻仰这位精神导师的风采，聆听教诲。他沐浴了罗素思想的光辉——平等，和平，捍卫自由，渴望爱，追求真理以及对人类苦难的深切同情。徐志摩对罗素这位精神导师，真正到了顶礼膜拜的程度。他曾这样赞颂罗素，说他"是现代最莹澈的一块理智结晶。而离了他的名学数理，又是一团火热的情感；再加之抗世无畏道德的勇敢，实在是一个可作榜样的伟大人格，古今所罕见"。而罗素同样也对徐志摩高水准的文化修养，赞叹不已。

虽然罗素在徐志摩新诗创作道路上，并没有产生直接的推力，也很难说浪漫的徐志摩对罗素严谨的哲学体系有多深刻的理解，但罗素的个性气质与思想的确太合徐志摩的胃口。渐渐地，徐志摩身上折射出罗素式的气质特征，变得越发清高起来。最明显的，或许便是关于婚姻与爱情的态度，那简直就是罗素的投影。

罗素一生有过四次婚姻。第一次，贵族出身的罗素恋上了爱丽丝。但由于这位姑娘的平民身份，他们的爱情遭到了罗素家庭的反对。但年轻的罗素克服重重阻力，哪怕没有一个家人愿意参加他的婚礼，他仍然与爱丽丝举行了婚礼。然而在婚后，罗素的爱情却不仅仅属于爱丽丝一个人。奥托莱恩·莫雷尔夫人和康斯坦斯·马勒森夫人都曾经得到过罗素的爱情。当然，罗素与爱丽丝终于分居。罗素的第二次婚姻则发生在十年后，1921 年 9 月，也正是徐志摩在剑桥游学期间。十四年后，1935 年，罗素与第二任妻子离婚，然后他挽着他的秘书贝蒂第三次走进了婚礼的殿堂；然而到了 1952 年底，已经 80 岁的罗素再一次离婚，随后便与英国传记作家埃迪斯·芬琪一起打造了他的第四次婚姻。当然，也是最后一次。

罗素的婚姻正应了他对自己的评价：对爱情的渴望是支配他生命的三大激情之一。严谨的哲学家如此，浪漫的诗人又怎会让心中的爱情溜走？徐志摩一生的热烈最直白的体现，便是他对自由爱情的执着。甘冒天下之大不韪，与张幼仪离了婚，是罗素式的叛逆。而他接下来要实现的爱情理想，比之罗素，有过之无不及。

· **心魂的所在**

剑桥大学校友居顶楼的走廊十分宽敞，静谧，带着几分安详。从走廊的窗户向外望去，可以看见康河对岸的草场。那里有十数匹黄牛与白马，正悠闲地嚼草。一阵风吹过，带着几声细碎的鸟语飘进窗口，成了这里唯一的声响。徐志摩独自一人坐在狄更生的房门口，已经有几个钟头。

徐志摩十分喜欢狄更生，很喜欢到他这里来。徐志摩终其一生，都对这位慈蔼的老人敬爱有加。如果不是他，自己恐怕进不了剑桥，无法在这里体验快乐剑桥生活，更无法形成对文学艺术的兴趣。所以，遇到狄更生是他一生最大的机缘。

他与狄更生的初次见面，即是在徐志摩认识林长民的那次国际同盟协会上，狄更生是那次会议的主席；后来徐志摩在林长民家里喝茶时，再次见到了他。渐渐地，二人便熟识起来。徐志摩对这位亦师亦友的长者崇敬非常。1921年，他送给狄更生一部家藏的康熙五十六年版《唐诗别裁集》，还用毛笔在书上写了献词：

"赠狄更生

举世扰扰众人醉，先生独似青人雪；

高山雪，青且洁，我来西欧熟无睹，

惟见君家心神折。

嗟嗟中华古文明，时埃垢积光焰绝，

安得热心赤血老复童，照耀寰宇使君悦

——西游得识狄更生先生，每自欣慰，草成芜句，聊志鸿泥。"

这是徐志摩作为诗人的处女作，其中可见他对狄更生的崇敬。而狄更生也对徐志摩爱护有加。徐志摩时常到这位慈祥老人的寓所里与他聊天。狄更生便与徐志摩聊他对爱与真的希冀，聊他所崇尚的古希腊生活与东方文明，聊他对伟大浪漫主义作家的推崇。这一切，都在徐志摩心里，织造了关于浪漫与理想主义的情愫。但狄更生大多数时候在伦敦与他姐妹们住在一起，鲜少待在剑桥。当他不在时，徐志摩仍然会时不时地来到狄更生的房门口，坐在那里沉思，关于理想，关于生活的方向。今天他坐在这里，想得更多的也许是林徽因。

　　尽管与张幼仪已经在离婚协议书上签了字，徐志摩的精神已经从枷锁中解放，但灵魂却仍然缺少伴侣。林徽因早在十月就已经随父回国，其间他们尽管也有通信，但他与林徽因之间却总是隔着一层看不清的雾，暧昧不明。暧昧，让徐志摩的心被忧郁占定。这份忧郁与英国名士的影响一起，慢慢潜化出了他诗人的气质；暧昧，也带给爱情最美妙的想象。所以，越发遥远的距离，反倒让徐志摩的心，往林徽因那里走得更近一些，他渴望她的心越发强烈。

　　回国找她！这个念头就像康河上终年不散的水雾一般，在他脑中挥之不去。但是，他刚刚从剑桥大学的特别生转为正式研究生，博士学位眼看便能拿到。想当年为了追随罗素，他放弃了哥伦比亚大学的博士头衔，而今在剑桥，他还没有完成任何研究计划，当真舍得就这样离开？

　　其他人或许会顾念学业，但他是徐志摩，理想与激情一旦进发，就再也拦不住。或许，也是因为坐在狄更生门前沉思，让徐志摩能够更加强烈地体会到狄更生以及其他浪漫主义诗人的精神感召，最终，他决定为爱离开剑桥。徐志摩一生都在寻求精神的安定，少了林徽因，他的灵魂似乎少了归宿，即便取得了成就，他的心也无法安定。回国追随她是必然，时间早晚而已。

1922 年 9 月，他放弃了剑桥大学博士学位，起程回国。但并不是一去不回，等他实现了心愿，一定会再回来，于是他写了一首诗，以此明志：

康桥，再会吧！

你我相知虽迟，然这一年中

我心灵革命的怒潮，尽冲泻

在你妩媚河身的两岸，此后

清风明月夜，当照见我情热

狂溢的旧痕，尚留草底桥边，

……

设如我星明有福，素愿竟酬，

则来春花香时节，当复西航，

重来此地，再捡起诗针诗线，

绣我理想生命的鲜花，实现

年来梦境缠绵的销魂足迹，

......

我今去了，记好明春新杨梅

上市时节，盼望我含笑归来，

再见吧，我爱的康桥。

"设如我星明有福，素愿竟酬，则来春花香时节，当复西航。"看来，诗人心中正憧憬着此番归国，追上林徽因后"含笑归来"继续学业。可是他不知道，林徽因归国后不久，就被梁启超指定为儿媳妇了。

● 婚姻是预设结果的开始

1988 年，纽约的一份中文报纸登载了一篇报道：

"据《纽约时报》二十四日报道，近代中国著名诗人徐志摩的元配夫人张幼仪女士，已在上周六（二十一日）因心脏病突发病逝于纽约的曼哈顿寓所，享年八十八岁……"

张幼仪去世了。

她的离开，终于定格了近代中国文坛上一幅鲜活的情感画面，而那出被几代人评讲的关于自由与爱情的现实剧，也仿佛随着她的离开终于散了场。

张幼仪是这出戏中最早登台的演员，最后离场的角色，但她似乎从不是戏台上的主角。直到她谢幕的那一刻，直到今天，她的名字仍然与"徐志摩原配夫人"的头衔形影不离。不能怪世人忽视张幼仪的光芒，只是与她同台的徐志摩如同喷薄的朝阳般，太耀眼。生活在他周围的人，难免陷入他制造的阴影中。其实，不单是张幼仪，哪一个与徐志摩有关的女人，在被人提及时不带着一点儿徐志摩的味道？更何况是被徐志摩拿来为"新思想"祭旗的张幼仪。

张幼仪最初上场的那一年是 1915 年。那一年，中国的飘摇与动荡与往年相比，或许并没有不同。每个人都在历史的航向上，朝着既定的方向前行。这一年，袁世凯正为了他的千秋帝国梦，紧紧攥着跟日本人签订的"二十一条"；陈独秀在《青年杂志》上树起了人权与科学的旗帜；孙中山与宋庆龄刚刚在东京举行完婚礼……

国是大家的国，家是个人的家。帝制，人权，科学，这一切似乎都与海宁硖石徐家的婚礼无甚关联。若一定要说有关，也不过是这场婚礼多少受了些时髦的西洋观念的影响，脱离了中国传统婚礼的形式，是一场"文明"的西式婚礼，没有"拜堂"。

16 岁的张幼仪纱裙曳地，那份被热闹的人群与欢乐的仪式催发出的兴奋、好奇与不安，化作红晕爬上了她的脸庞。尽管她有好几次忍不住想要打量身旁的丈夫，但婚礼的规矩与礼仪阻止了她的视线。年轻的新娘能做的，只是低顺着眉目，安静等待仪式的结束。

这场婚礼对于张幼仪来说，或许有点突然。在得知自己将要结婚的消息前不久，她才刚刚说服父母，送她去苏州的女子师范学校上学。尽管张幼仪深晓，作为女人，自己的前途并不在家人的期望中，因为"女子无才便是德"是牢牢扎在父辈的心里的女德标杆，千百年了，没有变过。但是，在她生命的潜质中，应和了汹涌灌进中国的西方新文化。这让她鼓起了勇气向父母提出上新式学校的要求。

在学校里受到西方教育的张幼仪，聆听了新的主张，但对婚姻的观念，她顺从了中国传统女子的另一种特质，父母之命。不过，确切点说，帮张幼仪挑选夫婿的是她的四哥张公权。张幼仪还记得那天，她的四哥兴冲冲地从外头回来，告诉她，硖石商会会长徐申如的独子徐志摩，一表人才，才气不凡。论人，他配得上张家的女儿，论家世，海宁首富徐家也配得上张家的显赫的声势。张幼仪，这个聆听了新思想的女性，此时听从了旧言论，甚至没有一点怀疑。

她的丈夫……张幼仪还是忍不住悄悄地将视线移向了身旁的徐志摩。与所有旧中国的婚姻一样，她在婚前与这个男人并没有交集。现在，她也只是看到一个清瘦的侧影。她的丈夫有圆润的额头，鼻子很挺，俏俏地立着，薄的嘴唇抿出温柔的线条。尽管她不了解他，但也并非一无所知。毕竟，徐家公子，硖石的神童，13 岁就写得一手好文章，有谁没听过呢？现在，他已经是燕京大学的预科学生了。他的学问应当要比自己好的，他的思想自然也超在自己的前面；将来，他还要留洋去的。所以，这时张幼仪最担心的，或许并不是丈夫的为人与前程，四哥疼她，替她看中的人不会有错。显然，她现在最在意的，是她能否跟上这个聪明而新潮的丈夫。

正因如此，张幼仪的心里对二哥张君劢的感激，在今天涨到了顶点。二哥在她 3 岁那年解开了家人裹在小幼仪脚上的厚厚白棉布，放开了她的小脚。所以今天，她有了一双大脚。尽管这双大脚曾被家里的婆婆、姨妈、姐妹们很是嘲笑了一番，但大脚代表着"新式"呢。所以，今天的她站在这场西式的婚礼上，与西装革履的丈夫，看上去才能如此般配。

张幼仪此刻庆幸她有一双大脚，可她没有想到的是，她这位思想解放的丈夫从一开始，就没有将她的那双大脚放在眼里。就是到后来，也没有。

徐志摩不时瞅瞅身旁的新娘，想起两年前，父亲递给他一张姑娘的照片，说那是他未来的妻子。照片里的张幼仪看不到特别地好，但也不难看。只是生得有些黑，嘴唇似乎也厚了一些。其实，张幼仪长着一张典型中国少女的脸，圆润而柔和，沉静的眼里刻着大家闺秀应有的大气端庄。可徐志摩没来由地一阵嫌弃。

他知道，这是父亲精心的安排。徐家的生意，张家的声望，门当户对，天作之合。但他并不满意这样的安排。这与他在学堂里学到的自由精神相距太远。如果这桩婚事被安排在十年以后，徐志摩也许会高喊着："我要追求爱的自由与婚姻的权利。"并拒绝父母送给她的新娘。但此刻的他，没有。

也许是他的理想与追求还不够坚韧，也许是父母的命令与张家显赫的声势一起制成的牢笼太坚固，总之，那天他只是将自己的不满，变成了下垂的嘴角，吐出了一句："乡下土包子。"他与所有中国包办婚姻中的男人一样，甚至没有花时间去了解未来的妻子，便用自己的妥协，将张幼仪日后的生命轨迹，扯进了自己的命运航道中。

这是一场西式的文明婚礼，却脱胎于一场旧式的中国礼制。这或许是徐志摩在面对这次婚姻时，最大的心结。这个结，不但捆住了他与妻子的情感交流，更捆住了他理想中的自由，捆住了他进化成新青年的通道。他觉得，自己尽管穿上了西装但却与自己的灵魂如此不搭调。新式的衣装，与这骨子里的旧，让自己显得这样滑稽。

徐志摩与张幼仪一起向"旧"妥协了。在那样一个新旧交错的年代里，徐志摩或许并没有意识到，自己将要对抗的东西究竟是何等深刻，或许他同样没有意识到，当他妥协的那一刻，他与"小脚"的女人并没有质的差别。但徐志摩毕竟曾立志，要"冲破一切日"。只是在他还没有找到冲破的方式时，一切就在他毫无准备的思想里发生了，而他灵魂的一部分仿佛还留在北京的锡拉胡同里。那里，住着蒋百里。

蒋百里是徐志摩姑父的弟弟。他在早年留学日本期间，结识了当时因戊戌变法失败而流亡海外的梁启超，并拜梁启超为师。回国后，蒋百里时任保定陆军军官学校校长，袁世凯总统府一等参议。他的身体里流淌着尚武的血液，怀抱着爱国的热诚。更难得的是，学贯中西的蒋百里，在作为一个军事家的同时，在文学与史学方面也有极高造诣。他的《国魂篇》《民族主义论》等长篇论文立论独到，文辞流畅，颇有梁启超之风；而他的书法也深具晋人气韵。

徐志摩在 1915 年考上燕京大学预科班时就住在蒋百里家。平日里，徐志摩与蒋百里谈时事，聊文学，评历史，讲政治；他敬蒋百里，爱蒋百里，虽然蒋百里长徐志摩 14 岁，可徐志摩与他甚是亲近，无话不谈；他是徐志摩口中最亲的"福叔"。与蒋百里的交往，让当时的徐志摩在思想上趋向政治。在一次闲谈中，蒋百里曾对徐志摩说："青年有了真才实学才能展鸿鹄之志，救国救民。你何不与他们一起出洋去，学西洋之长为己所用。"

这话正说到了徐志摩的心里，此前，他已经有了留洋的想法。

当初，他之所以报考了燕京大学的预科班而非本科，就是因为当时的燕大预科班注重外语的应用，学成之后可以尽快地留洋；此番，加上蒋百里对他的影响，徐志摩更是觉得他在北京的求学生活充满了奋斗的热情。他在锡拉胡同与学校图书馆两头跑，埋头在西方新思想中，闲暇时与友人聊聊戏剧界的"菊选"，别人爱梅兰芳，他独爱杨小楼；兴致到了还会跟朋友打打网球……

福叔劝他留洋时的神情还在眼前，杨小楼的腔调似乎还萦绕耳边，燕京大学图书馆里的墨香还都能闻见，怎么一转眼，自己就与这个不认识、不爱的女人站在一起了？像做梦一样。父亲频频的电报是催命的符，那些"男大当婚""识大体""有利家业"的话是魔咒；祖母最疼自己，可她殷殷的期盼却把她那份深厚的荫慈变成了最重的包袱。于是一切就这样发生了。其实徐志摩心里清楚，与张家的联姻，不过是他的父亲在为独子规划前程的棋盘中，落下的一颗棋而已。

父亲徐申如是个精明的商人，他的一生都在用精准的眼光打造一切。在他所有的实业中，有两件事最值得骄傲：第一件，是他在 1908 年联合了海宁的绅商，克服了重重阻力，硬是让拟建中的沪杭铁路生生拐了个弯，穿过了硖石，成就了海宁硖石地方几代人的福祉；第二件，便是儿子徐志摩。别的不说，单单是他为了让儿子的书法水平有所长进，便将当时的上海寓公，后来的"伪满洲国国务总理大臣",著名书法家郑孝胥,聘作儿子的书法老师。这次,尽管儿子已经与张家小姐有了婚约,尽管他本应让儿子尽早将张幼仪娶进门,但他仍然顶着张家人的反对,亲自将儿子送上了北京最好的大学。可以说,这个精明的父亲在儿子的培养上,同样用上了他敏锐的经商头脑。现在,父亲觉得是时候让儿子回来成亲了。

张家现在的名望不一般。看中自己儿子的张公权是当时的浙江都督府秘书,将来大有作为;而他的兄长张君劢则是有名的法学家,与梁启超过从甚密。徐申如再次以他精准的眼光,准确地预见了未来的张家兄弟在中国未来的政界与财经界中呼风唤雨的地位。与这样一个有钱、有权、有名望有修养的上流社会家庭联姻,徐申如没有再拖延的道理。于是,给儿子拍几封电报,对他进行几次动情的说理,徐申如便为自己谋回了一个好儿媳。

这种境况下的徐志摩,挣扎在传统与现代之间,他成了那个变革时期的精神缩影。或许很多东西可以在朝夕间改变,但也有许多东西无法轻言抛弃,比如孝道。这一点,即便是在他走出硖石,跳进那些欧洲思想家行列的那一天,也仍然无法割弃。

但他仍然得做些什么。于是,一场热闹的婚礼之后,他选择了冷漠。

· 浪漫与自由的对立面

冷漠，是这场婚姻唯一的韵脚。它的第一个音节奏响在张幼仪死寂的新房里。新婚之夜，洞房的花烛下，徐志摩一句话都没有对张幼仪说，张幼仪也不知该用什么来打破她与这个陌生丈夫间的沉默。后来，徐志摩离开了，躲进了奶奶的房间。只是，他的行动力仍是敌不过长辈的希望。几天后，徐志摩在用人的簇拥下，踏进了新房。

两年后，张幼仪怀孕了。关于这一点，浪漫的诗人有自己的解释，他说："爱的出发点不定是身体，但爱到了身体就到了顶点；厌恶的出发点，也不定是身体，但厌恶到了身体，也就到了顶点。"

徐志摩并没有因为肉体而将他对张幼仪的爱推到顶点，相反，他对张幼仪的厌恶，却因肉体达到了顶点。有一次，徐志摩在院子里读书，忽然觉得背痒，于是便唤用人帮忙。一旁的张幼仪想，这样的事情何必用人动手，于是便凑近了替丈夫解痒。可是她没有想到，徐志摩仅仅用一个眼神，便拒绝了她的好意。那个眼神轻蔑，不屑，冰冷刺骨，多少年以后，张幼仪回想起来，仍然不寒而栗。

张幼仪其实是个很好的太太，但凡认识她的人总是对她印象极佳。时人曾评价张幼仪："其人线条甚美，雅爱淡妆，沉默寡言，举止端庄，秀外慧中，亲故多乐于亲近之……"徐志摩的好友梁实秋也说："她是极有风度的一位少妇，朴实而干练，给人极好的印象。"张幼仪也是个很好的儿媳妇。她在徐家恪守着一个好儿媳的本分：她帮着公公徐申如操持庞大的家族生意，照顾婆婆，管理徐家的下人，家事人际操持得井井有条。为了照顾公婆，她甚至放弃了继续上学的机会。婚后的幼仪曾经写信给苏州女子师范学校，表达了继续学习的愿望。但校方提出，张幼仪必须重新修业一年，修满两年课才能毕业。新媳妇要离开公婆两年，这对张幼仪来说实在难以接受。于是，她从外面的世界退回了硖石的老宅。张幼仪的大脚并没有带她踏出自由的脚步。

张幼仪是公婆眼中的好媳妇，甚至可能是许多人眼中的好妻子，但她却不是徐志摩心中的好太太。在徐志摩眼里，张幼仪嫁过来以后很少笑过；她办事主动，有主见，有主张，就像《红楼梦》里的薛宝钗。但徐志摩要的，是一个能与他的思想共鸣，与他的浪漫情调合拍的女人；他的妻子应该有思想，有个性，应该是个开放、新潮的新女性；但张幼仪只是宝山县首富张家的小姐；她的偶像是《红楼梦》里的王熙凤，她的人生在徐志摩的眼中，始终沾染着铜臭；她的角色在徐志摩看来，不过是纠缠于家业中，跷着双腿对下人指手画脚的管家婆。因此，张幼仪无论再怎样温顺体贴、恭俭礼让，她在徐志摩眼中，也不过是旧婚姻的傀儡，旧制度下的陈旧女性。

这个妻子于徐志摩，不过是个"守旧"的代名词，平庸而乏味地立在了浪漫与自由的对立面。他与她的思想，分明是站在时间的两端，空间越近，心灵越远。于是，一座旧式婚姻的围城困住了两个人。

可浪漫的诗人不会甘心被围城关住，他在迟来的洞房之夜里完成了传宗接代的任务后，几乎是立刻便离开了硖石，就近去了上海沪江大学继续他的修业。1916年秋天，他考入北洋大学法科特别班。第二年，由于北洋大学预科部并入北大，因此徐志摩再次北上，进京学习。只是这一年，他的福叔因为袁世凯的复辟举动，离开了北京。

福叔的离开，让徐志摩失了一位可以倾谈的对象，但这并没有给徐志摩造成多大困扰，相反，他这一年轻轻松松便过完了。他家境殷实，没有温饱的烦扰；他为人聪慧，选着自己爱学的课；他志向高远，以留洋为盼，精神亦有所寄托；更何况，他通过张幼仪的二哥张君劢，拜入梁启超门下做了入室弟子，身价与前途都像闪光的星星一般耀眼明亮。海宁硖石保宁坊徐家老宅里那座阴郁的婚姻牢笼，都似乎被顺心的生活阳光融化了。就在他拜师不久，1918年8月，徐志摩终于搭上了载他留洋的"南京"号去了美国，留下了老宅里的张幼仪，依然寂寞。

丈夫离开了，张幼仪没有回忆可守。两年的婚姻生活中，她能想起来的仅仅是丈夫的冷眼与漠视。在丈夫出国留学的日子里，留在硖石的张幼仪所拥有的最多东西，便是时间，但她的丈夫没有给他年轻的妻子留下任何可供她打发寂寂年月的念想，除了他留给她的儿子徐积锴。徐志摩去美国时，他的儿子刚刚满四个月。可这个儿子也不过是徐志摩为尽孝道不得不履行的婚姻责任。

"责任"二字在旧时的中国是大多数婚姻得以延续的支撑。如果徐志摩没有出国，如果他日后没有遇到那些，"偶然投射在他波心的云影"，他是否能依着这"责任"二字，成全张幼仪平淡的生活？我们不知道，但我们知道，"责任"二字却牢牢地将张幼仪锁在了她与徐志摩有关的所有事情上，仿佛是前世欠下徐志摩的情债，今生用她所有的时间来一一偿还，直到徐志摩死去。

很多年以后，张幼仪的房间里仍挂着徐志摩的油画，在她的台桌玻璃下，压着有关徐志摩的消息。戏台上的演员来来去去，张幼仪始终站在一个属于她的角落里，固守着传统女人对生命中第一个男人的执着，演着她的独角戏。张幼仪在这场戏里，仅有一张与徐志摩的合照。那张照片里，她戴着圆顶帽子，虽然沉静但却带着难掩的腼腆，甚至有些不安地，在嘴角扯出一道看似笑容的曲线。她身旁的丈夫徐志摩脸上挂着浅淡的笑。这张照片摄于1920年，彼时两人结婚已经有6年，但照片中的他们，身体语言显得如此拘谨，像是一对不相熟的人被凑在了一起……

1920年冬，徐家老宅里接到了徐志摩的一封信。或许这是丈夫从海外寄回的信中，最慰帖幼仪心灵的一封。信中说道：

"父母亲大人膝下：

儿自离纽约以来，过二月矣！除与家中通电一次外，未尝得一纸消息。儿不见大人亲笔恐有年矣。儿海外留学，只影孤身，孺慕之私，不俟罄述。大人爱儿岂不思有以慰儿耶？……从前铃媳尚不时有短简为慰，比自发心游欧以来，竟亦不复作书。儿实可怜，大人知否？即今铃媳出来事，虽蒙大人慨诺，犹不知何日能来？张奚若言犹在耳，以彼血性，奈何以风波生怯，况冬渡重洋，又极安便哉。如此信到家时，犹未有解决，望大人更以儿意小助奚若，儿切盼其来，非徒为儿媳计也……"

她的丈夫写信来，要她去陪他了。

丈夫走了两年，他每次写信回来的开头都是"父母亲大人"，每次只到信的最后才提到自己，每一次信中对儿子的关照要比对自己的多上许多，可这一次，虽然信的开头仍是"父母亲大人"，但信纸上却满满的，尽是要她出洋去陪他呢。

这封信似乎吹走了幼仪心头那层从新婚当天起就布下的尘土。于是，她变得比往日轻快，心里有了以往从不曾有过，甚至不敢有过的希望。在这以前，幼仪从来不敢问公婆她是不是能够去陪丈夫，即使是丈夫来了这样一封看起来殷殷迫切的信，她仍是不敢问。幸好，还是疼她的二哥张君劢劝服了公公。1920 年冬天，张幼仪终于也踏上了渡洋的甲板。她要先到法国马赛，再转飞机到英国。

轮船整整在海上走了三个星期。这三个星期里，幼仪把与丈夫相见的情境，把他们未来的生活翻来覆去地想了不知多少遍：志摩出国有两年了，他一定有了变化，胖了？瘦了？他一定是想家的，想阿欢（徐积锴的乳名），或许……也想我；他一定需要我，否则他怎么会专门写信要我去陪他？我要告诉他，我接到他的信后，下了决心要出来，就连阿欢我也放下了。他还小，但婆婆她们可以照顾；这海船真的不好坐，晃得人直晕……他让我来陪他，他需要我，我们的日子可以重新开始了。或许，我在外头可以和他一样去上学，这样，他会更喜欢我了，他喜欢有思想、开放一点的女人……张幼仪靠着栏杆，一道黄昏的光影静静铺展在甲板上。远处的海平线上，出现了蜿蜒错落的海岸线。

船靠岸的时候，张幼仪隔着层层的人潮，一眼就看见了她的丈夫。他穿着一件瘦长的黑色毛大衣，脖子上围了条白丝巾，站在人群中，那么显眼。丈夫很好认，并不是因为他的衣着多么显眼，只是因为他的神情于张幼仪而言那样熟悉，又与接船的人群那样不一致。很多年以后，张幼仪回忆起那时她看到的徐志摩时说："他是他们当中唯一露出极不愿意到这里来的神情的人。"

如果张幼仪的心曾经轻快过，那么此刻，它狠狠地砸到地上，发出闷闷的一声响。那些日日遥想的倾诉，那些憧憬与希冀，都随着心的落地变得悄无声息；如果那封信曾经让她产生了不切实际的幻想，那么如今，人群中的徐志摩，远远地，便用那种仿佛永远不会变的冷漠表情，惊醒了她的梦。

二
·
爱你是心底开出的花

· "同居"在沙士顿的日子

在英国伦敦郊区有个地方叫 Sawston，徐志摩说，那里是"沙士顿"。他还说，那里有座小屋，是他与张幼仪同居的地方。"同居"，并不是用来形容夫妻共同生活的词。像徐志摩这样，将爱情视作宗教的人，在情感上始终也没有承认过他与张幼仪的婚姻。

在他眼里，那场婚姻徒有一个空洞的躯壳，张幼仪只是一个与自己同住在一个屋檐下，以合法的方式生活在一起的女人。当初在硖石老家，他就从未曾用正眼瞧过张幼仪。他的视线也总是像掠过空气那样，掠过这个父母送来的妻子。但现在，他得把这个与他不搭调的女人接到身边来，在这个异国郊区的小屋里，日日面对面，怎么想都不是滋味。

这个女人为什么就不能有些风情呢？在马赛接到她的时候，她竟还穿着土气的旗袍，说什么，那是她精心挑选出的。既然到外头来，就得有点洋气不是吗？这身旗袍太不入眼，与法国的气质太不谐调。还是带她去买了一身当下时髦的衣裳，圆顶帽，连身裙，黑丝袜，亮皮鞋。挺好，可你瞧她那个样子，别别扭扭，不知道新潮，不知道接受外面的好。

她连照个相，都拘谨成那样。不就是靠近一些拍个合照？多正常，多简单的动作。既然你把我当丈夫，亲近一点又有什么关系？你看法国大街上的情侣，哪个不是见了面，先来一个热烈的拥抱。可她，还守着那份家教。传统传统，矜持压抑，这样的女人，死守在传统里，不知道逃跑。

既然来了，就让她见识见识外头的风景和人事，所以带她走了一圈。看埃菲尔铁塔，看巴黎圣母院，看凡尔赛宫，看枫丹白露。这些景致很好，但她不懂这里的历史、故事与情调。也懒得与她细讲，走马观花，匆匆看了一圈，还是早点转飞机去英国的好。

很多年以后，徐志摩还记得那次乘机的经历。他记得，张幼仪从一上飞机开始，就窘迫得拎不清。腿痒去抓，结果，那细腻的丝袜就因她的粗陋破了洞。那双脚，在柔软的皮革里不安分地扭动。她后来竟是要吐了，可她居然抓过了帽子，幸亏还算机灵，换了纸袋……"你真是个乡下土包子……"他终于没有忍住，还是说出了奚落的话。结果，他话还没说完呢，自己竟也吐了起来。后来，徐志摩回国当老师的时候，在一次课堂上跟学生们说起这次经历，他对自己的这次出糗这样解释："想来是因为天气恶劣……这一路吐着，从巴黎吐到了伦敦。"但他没有告诉学生们，他因这次吐，而被那个他看不上的女人小小回击了一记："我看你也是个乡下土包子。"那话音里，分明有点报复的小小快意。

那次飞行，一路，无话。

飞机落了地。徐志摩站起来走向舷梯。机场来了两个中国人，是接机的友人。他很开心，一扫飞机上的沉闷，脸上生动了起来，几乎是冲下了舷梯。与来人拥抱，用的洋人的方式；他们的交谈，也用洋人的话。张幼仪静静立在一边，她无法参与，她没有被介绍，她仿佛不存在。窘迫，无聊，那个男人为什么一直提他的裤子？另外那个人的脸为什么一直在抽搐？好不容易得了空当，问丈夫："这是你的朋友吗？"可她只等来一个轻蔑的眼神。丈夫扔下她，转身离开。她步步跟上，心想，那样举止没分寸的朋友，也入不了她的眼的。

看起来，丈夫还是那个在硖石的丈夫，但她可以变成更新潮的她。她没有缠过脚，她也上过师范学校，如果能在英国好好读几年书，学识和修养都丰富起来的话，就一定能配得上他。张幼仪以为自己总有一天可以跟上丈夫的脚步，可慢慢地，她发现，她被隔绝在丈夫的心门之外，就连敲门的机会也没有；慢慢地，她还发现，她的到来，竟无意间挡在了丈夫追爱的路上。而此时，她只是想不明白，既然不是思念，既然不是需要，丈夫那封盼着她早日出国的信，又要如何解释？其实，这一切都是二哥张君劢的好心成全。

这还得从 1918 年说起。

1918 年 9 月，徐志摩搭乘的"南京"号抵达了美国。父亲送他出洋留学，希望他将来进金融界，他自己的最高野心，也是想做一个中国的 Hamilton（汉密尔顿，美国华盛顿时代的政治家，对美国的建国方略起过不可估量的作用）。他在那里进了克拉克大学历史系，毕业后又到哥伦比亚大学入了政治学系。当时的徐志摩，规矩而勤奋。他每日"六时起身，七时朝会，晚唱国歌，十时半归寝，日间学勤而外，运动跑步阅报"。这样惕厉自重，也难怪他后来只用了半年的时间，便得到了哥伦比亚大学的硕士学位。

就在徐志摩留美期间，1919 年 4 月，他收到了张君劢的来信。信中说，张君劢计划到美国来，顺带还提到，希望徐志摩能将他的妻子张幼仪接到国外来一起生活。

彼时，"一战"刚刚结束不久，张君劢正与老师梁启超在欧洲考察。这次考察让他得到一次机缘——跟随著名哲学家倭伊铿学习，并留在了德国。张君劢对他的这位妹夫本来怀有极深的信赖。他不仅是徐志摩的妻舅，还是"挚友"，他更是在徐志摩的求学路上做了一回引路人——是他亲自把徐志摩引进了梁启超的门下。因此，他认为他了解徐志摩，他认为既然徐志摩如此向往西方，那么他一定也希望自己的妻子一起到国外去，与他一起了解西方，学习西方的种种。

一切只是他认为。可能，他的确很了解这个妹夫，但他唯有一件事没有了解：他的妹夫在婚后没多久，就对着妻子张幼仪说："我要做中国第一个离婚的男人。"张君劢或许对徐志摩反传统的"叛逆"性体察甚深，但他却未能真正了解，徐志摩血液中的叛逆因子，已然让他不惜用最冷酷的方式，去对待他无辜的妻子。如果他知道他的好心成全，会间接划出张幼仪生命中最深的一道疤，那么或许，他会重新考虑让妹妹到徐志摩身边去的计划。

但正因为张君劢料不到，所以他在张幼仪出国一事上，倾注了最大的热心。在张君劢留学德国约半年后，他有机会回了一趟家。时值1919年，国内爆发五四运动，张君劢因国家的革新潮流而感到兴奋，但他在为国事振奋的同时，竟还问起了妹妹的家事。也正是那一次，他得知徐志摩并没有如他所认为的，让张幼仪出国团聚。

他敏锐地嗅到了这对夫妻之间的不和谐，闻出了徐志摩可能会在国外"分心"。于是他坚定地对妹妹说："你非出去不可。"接着，他在这边，劝说了徐申如放儿媳出国，以"提醒徐志摩对家庭的责任"，毕竟年轻夫妻分开久了不好；在那边，他频频与徐志摩通信联络，以责任与情感为筹码力劝他接妻子出国。就这样，徐志摩写了一封言辞恳切的信，将张幼仪拉了出来。

那时徐志摩为了追随罗素，已经到了英国伦敦。

张幼仪便这样出国了。一切在她的意料之外，若不是哥哥让她非得出去，若不是丈夫真的有信来，若不是公婆首肯，她是绝不敢动这样的念头。无论如何，她出来了。现在，她跟丈夫住在那个叫沙士顿的伦敦郊区。但是，她在过洋的轮船上想到的新日子真正展开时，全不是她想的样子。很多年以后，张幼仪再次回到这里，竟无法相信，当年的她真的曾经这样安排过自己的生活：

　　张幼仪在徐家是太太，在这里却变成了用人。她每天坐着公共汽车去市场，再拖着食物回家，安排一日三餐，洗衣扫地。繁忙的家务占去了她全部的时间。她原来想学点英文，可是教课的家庭老师嫌路远，竟然不来了；她原本以为，夫唱妇随，跟着丈夫一起学点西方的文化，可是，每天干的竟是这些。她什么也没有学成，知道的东西少到不可思议。她甚至不晓得客厅壁柜里那个奇怪的机器是吸尘器，所以一年多了，她一直用扫把打扫屋子；她还以为，离了公婆，少了拘束，丈夫可以对她再亲近一些，但少了拘束的只是丈夫。他在家里来来去去，全凭兴致，好像她不在似的。

　　张幼仪白天很少看到徐志摩，他总是在学校，直到黄昏时分才会回来。徐志摩不在家的时候，幼仪一个人待着，家务忙得她脚不着地；就算徐志摩在家，张幼仪也还是一个人。他对她跟在家乡的时候一样，沉默，冷淡，哪怕是当天的饭菜不好，徐志摩也不发表任何意见。那样的时刻很奇怪，丈夫在身边，张幼仪却那么寂寞。

或许是徐志摩也觉得这样的气氛不妙，于是便找了一位叫郭虞裳的中国留学生来同住，为的只是避免二人之间，空气一样无处不在的沉默。也只有从那时开始，张幼仪才有了一个可以陪着她买菜、聊天的人。

张幼仪觉得，她的丈夫之所以还能每天回家吃饭，或许是因为当时他们的经济条件有些拮据，亦或许是因为，她烧的饭菜还算符合丈夫的胃口。但徐志摩即便待在家里，也不与张幼仪交谈，因此张幼仪无法把她的任何想法告诉徐志摩。张幼仪出身名门，家里有博学多闻的兄弟，她可以与兄弟们无话不谈，但她只要在丈夫徐志摩面前开口，得到的回应永远是："你懂什么？""你能说什么？"其实，张幼仪并不是什么都不懂。到伦敦不久后，她便很敏锐地觉察了徐志摩行动的不合理之处。徐志摩每天一大早便出门，即使当天不上学，他也是吃完早饭就出门。这时候，徐志摩难得地热心，告诉他的妻子一声，他要去理发店。

每次理发都要去理发店吗？丈夫完全可以在家里，让她帮忙理发。更何况，他们每月都得等着徐申如寄钱来花，因此，更是当省则省。徐志摩的举动令张幼仪不解，但她最终还是猜到了，这与他的女朋友有关。

张幼仪与徐志摩的婚姻一直这样空洞乏味地进行着，徐志摩的心从来未曾停留在张幼仪身上。现在，他的心更是飞了，飞到书本上，飞到文学上，飞到他一直藏着的，那个女朋友的身上去了。

· 所谓结发，无爱亦无恨

她的女朋友，名叫林徽音。《诗经·大雅·思齐》里唱："思齐大任，文王之母。思媚周姜，京室之妇。大姒嗣徽音，则百斯男。"那个美丽的名字，就从这里来，很久以后，她才把自己的名字改成了"徽因"，据说是为了与当时一位有名的男性作家"徽音"区别。

林徽因与徐志摩走得很近，虽然后来她否认了自己对徐志摩的爱情，说那只是对徐志摩才情的单纯倾慕。但在张幼仪看来，她与徐志摩之间的交往，显然已经是恋人才有的举动；她更是认为，林徽因当年给了徐志摩一个爱的承诺。

不管张幼仪对林徽因的猜测是不是事实，但至少徐志摩对林徽因的确动了感情。他深深地陷入了恋爱，爱上了那个 16 岁未经人事的清纯少女。

恋爱中的人总会陷入不可救药的无理性之中，因为他们只看得见自己想看见的东西。徐志摩也是这样。当他中了名为"林徽因"的毒时，便只看到林徽因对自己的倾慕，却看不到一个情窦初开的少女，在第一次面对男性追求时的懵懂与迷惑，所以他的爱因她的倾慕而更加热烈；他中的毒，令他只能看到自己的妻子，在这场关乎理想的爱情中变成了他的死穴，却看不到林徽因由于早年的家庭阴影，再也无法接受任何形式的家庭裂痕。于是，一个在他心中蛰伏许久的想法，终于在沐浴了"自由之爱"的阳光后，破土而出。

"做中国第一个离婚的男人。"现在，他要实现这个想法，当然，这是为了理想。当然，这也为了林徽因。他现在要做的，只是找一个时机告诉张幼仪。可偏偏在这个时候，张幼仪怀孕了。

"把孩子打掉。"几乎是立刻，徐志摩在听到张幼仪怀孕后，便做出了这样的指示。

张幼仪看着丈夫一脸的不耐，仿佛全身的力气都被抽走，脑袋空茫茫的一片。她想过丈夫在听到她怀孕时可能有的反应，比如他可能会有点高兴，他可能会和她一样不安，他会送她到其他地方养小孩，他可能会让她回硖石，但她绝没有料到是这种反应，就如同她当初没有料到丈夫根本不希望她来伦敦一样。她永远不懂他。她不知道她的丈夫为什么会做出如此狠心的决定。她对他一直很忠诚，他们的生活也没有到养不活孩子的程度，为什么要打胎？打胎可是会死人的。

"我听说，有人打胎……结果死了……"张幼仪心里发凉。

徐志摩现在对张幼仪很没有耐心："还有人因为火车出了事故死掉的，难道大家就都不坐火车了吗？"他说完，转过脸去不再看张幼仪。

我们的确无法想象，怎样冷酷的灵魂才会将坐火车，与杀死母亲腹中孕育的生命联系在一起；但我们现在完全了解，如今的徐志摩，为了他的"理想"，已经陷入何等的非理性之中。不过，徐志摩在离婚这件事上，却仍保持着必要的清醒。现在，什么都无法阻止他。就在得知张幼仪怀孕后不久，徐志摩毫不犹豫地向张幼仪提出了离婚。他给的理由是："小脚与西服不搭调。"

"小脚与西服不搭调"这句话，其实是从张幼仪嘴里说出来的。

那天，徐志摩请了当时在爱丁堡大学留学的袁昌英来家里吃晚饭。张幼仪以为，她就是丈夫的女朋友。晚年的张幼仪已经记不得这位客人的名字，她唯一真正记得的一件事，是她的外表。那位小姐，短发，擦着暗红色的口红，穿着一套毛料海军裙装。时髦的外表。可是，挤在她鞋里的，却是一双小脚！

是的，这位新式女子裹了小脚，张幼仪差点放声大笑。真是讽刺，就是这样一个女人吸引了丈夫？她难道不应该更新式一些吗？我是乡下土包子，那他带回来的这个女人，那双小脚，会比我的大脚更先进不成？她受过新式教育，会流利的英文，可我年轻的时候一样读过书，如果你当时鼓励我上学，让我好好学英文，我能学到的东西肯定不比你带回来的这个女人少！但，丈夫要纳妾，做妻子的没什么可说的，接受便是。在嫁到徐家以前，母亲便教过，在丈夫家里，女人的答案永远只有一个字："是。"是了是了，你满意了，你娶便是。

晚餐后，徐志摩把客人送走，回来后便问张幼仪对刚刚这位客人的看法。于是，张幼仪说："她挺好。只是，那双小脚与西服不搭调。"

小脚与西服不搭调。这八个字，每一个都敲在徐志摩心里。这桩婚姻长久以来在他心里淤积的烦躁与挫折在这八个字的震动下，呼的一下从他压抑的心里猛地直冲向脑门。他提高了声调，用从来没有过的尖利嗓音冲着张幼仪大声地叫道："我就知道，所以我才想离婚。"

那层笼罩在这场婚姻上的雾，终于在徐志摩这声宣誓般的尖叫中散去。一个长久以来被隐藏的事实，也终于露出了尖锐的轮廓。

张幼仪想不通，她从来不懂他。现在，她更是拿不准徐志摩的脾气。那天晚上之后，他们再没有说过话。几天后，徐志摩连早饭都没有碰，便出门了，从此以后，再也没有回来。几天后，同住的郭虞裳提着皮箱也走了，屋子里只剩下无依无靠的张幼仪，和她肚子里的孩子。张幼仪不知道自己可以去哪里，她不知道自己可以做些什么。就算只做一日夫妻也有百日恩情，更何况张幼仪已经为他生了一个儿子，现在还怀着另一个，但徐志摩就这样一走了之，直到张幼仪离开，都不曾出现。他没有给在伦敦举目无亲的张幼仪安排生活的去路，只是将她放在那里，一直以来就那样放着，不闻不问。

无奈，张幼仪给当时在巴黎的二哥张君劢写了封信，说徐志摩要和她离婚，说她怀孕了。她问二哥，她要怎么办？张君劢回信了，信的第一句是："张家失徐志摩之痛，如丧考妣。"然后，他才说，幼仪你到巴黎来，腹中的孩子千万留住，二哥收养。于是，张幼仪走了，离开了沙士顿的房子。身后的门轻轻关上，隔开了她生命中一段，最不忍回顾的旧生活。

• 离婚，解散烦恼的绳结

张幼仪再次见到徐志摩是在转年 3 月的柏林。一个星期以前，她刚刚生下了她与徐志摩的第二个儿子徐德生。在这个三月，张幼仪迎接了一个新生命，也与一段旧式婚姻诀别。1922 年 3 月，由吴经熊、金岳霖等人做证，徐志摩与张幼仪在柏林签署离婚协议。徐志摩成为中国西式文明离婚第一人。

离婚，这在当时是个革命性的举动。在这些以革新，甚至以革命为口号的热血青年眼中，包办婚姻简直是对人权的压迫。它扭曲了人类的自由情感，亵渎了神圣的爱情。正如徐志摩所说"无爱之婚姻无可忍"，所以，真生命必自奋斗自求得来，真幸福亦必自奋斗自求得来，真恋爱亦必自奋斗自求得来！但是，"追求自由爱情"这几个字，还远远无法承担徐志摩式的青年对"进步"的希望。

徐志摩嫌恶的是守旧的一切，与一切传统下的腐旧。要反对旧，可旧是什么？旧抽象得很，你必得找个形影，旧诗、八股文、旧婚姻……很不幸，那桩父母精心挑选并打造的婚姻，正正撞到了徐志摩喷涌出的新思想的岩浆上；很不幸，何其无辜的张幼仪成了那守旧的形影。

所以，徐志摩离成了婚，便是一场胜利。他登报发了个启事，还送给张幼仪一首诗，叫《笑解烦恼结》。他在诗里对张幼仪说："……毕竟解散，烦恼难结，烦恼苦结。来，如今放开容颜喜笑，握手相劳；此去清风白日，自由道风景好。听身后一片声欢，争道解散了结儿，消除了烦恼！"

所以，这婚离成了，烦恼结解了，"旧"的阴影散了；所以，当张幼仪在离婚文件上签下了自己的名字时，徐志摩会对她连声道谢，谢她帮助他对旧传统进行了一次猛烈而成功的打击；所以，在张幼仪与徐志摩离婚后的很多年里，她与徐志摩的关系反而近了。他们经常通信，与对方谈未来的打算与生活的琐事。徐志摩甚至还向人夸奖张幼仪，说她是个很有志气的女子。他开始觉得这个女人可以稳稳地独立，觉得她的"思想确有通道"，觉得她什么都不怕，甚至觉得她有可能"丢几个炸弹，惊惊中国鼠胆的社会"；所以，那段旧式的婚姻是徐志摩心头的结，阻碍了他看到张幼仪身上已经拥有的和可能拥有的好。

离婚，在当时多少还带有点戏谑的味道。据赵元任的妻子杨步伟说："那时还有一个风行的事，就是大家鼓励离婚，几个人无事干帮这个离婚，帮那个离婚，首当其冲的是陈翰笙和他太太顾淑型及徐志摩和他太太张幼仪，张其时还正有身孕呢。"只要是旧式婚姻，就不管不顾地鼓励人家"解烦恼结"，这是不是也是那个时代的新潮文人与时代一起生的病？当徐志摩与成全了他自由大义的张幼仪握手相劳，欢庆解散烦恼结的时候，他觉得：我解放了自己，也是解放了你。但不知他有没有为这个被他牺牲的女人考虑过出路，考虑过公平。

推翻自己的包办婚姻，似乎是那个时代接受过西方进步思想的文人，在反对所谓的腐朽传统时，运用的共同武器，无论这些人的性格或是主张有怎样的差别。也许，这是新思潮在碰到旧体制时，本能竖起的倒刺，亦或许，这是一个新潮文人在被拉入一场旧婚姻时，仅有的可供选择的反抗方式。但无论如何，在这场新与旧的较量中，女性永远是角力的被动方。

无论是革命还是游戏，徐志摩离婚的举动在张幼仪眼中，不过是为了追他的新女朋友。多少年过去了，张幼仪仍坚定地认为，如果没有新女朋友，徐志摩不会那样急着要离婚。什么理想与勇气，那不过是徐志摩为了追到他的女朋友而找的借口。这样的行为称不上壮举，如果他只是单纯地依着自己的意思，因这场婚姻里没有"爱"才离婚，那才是壮举。张幼仪的想法不无道理，但却也并不能说与"自由勇气"完全无关。只是，当这一切被时代的镜头定格住时，"徐志摩为林徽因而离婚"便自然地被虚化，而"自由与勇气"的轮廓，则显得异常清晰。

与徐志摩离婚后的张幼仪，开始了自己的生活。她在张君劢的帮助下，入德国裴斯塔洛齐学院攻读幼儿教育，归国后在东吴大学教德语。再后来，她在四哥张公权的支持下出任上海女子商业银行副总裁，成为中国第一个女银行家。与此同时，张幼仪还集资，在上海静安寺路开办"云裳服装公司"，任总经理。1934年，她在二哥张君劢主持成立的国家社会党内任财务。作为女人，她的风光，一时无两。

但对张幼仪来说，最值得安慰的可能是她在徐家的地位不但没有因离婚而丧失，反而更加稳固。徐申如认了她做干女儿，这使她在实际上，即便不是徐志摩的妻子，却还是徐申如的儿媳妇。她仍帮着徐申如料理徐家大大小小的生意，参与徐家大大小小的事务，甚至连后来徐志摩再婚，徐申如都不忘问她的意见。张幼仪海宁硖石徐家少奶奶的地位，不可动摇。

　　或许有人会说，正是徐志摩的遗弃，才使得张幼仪成长。但毋宁说，是张幼仪自身潜藏的特质，让她在被遗弃的日子里，走向了独立。那种特质，在她少年时将她带进了学堂，但却在她的结婚后寂寂沉睡。于是她坚定地守着传统，或为侍奉公婆而放弃学业，或夫唱妇随做个无怨言的家庭主妇。因此，即使她走出了国门，却没有走出传统为女性画的圈。而当她被自己信赖的传统遗弃后，她潜藏的特质及时地苏醒。正因如此，她才有可能理解徐志摩的思想，认同他的做法，从而接受徐志摩离婚的主张。但更重要的是，她再一次地，因这种特质的苏醒而走上了新式女性的路。中国第一场西式的文明离婚中，不但有徐志摩的勇气，也有张幼仪的勇气。

　　至此，与张幼仪有关的剧情，缓缓落下了帷幕。她幸运地在这个舞台上，有了能让自己独自站立的角落。她在徐志摩给她的一时痛苦中，找到了通向一世幸福的路。现在，她所要做的，便是在属于自己的那方戏台上，静静演好自己的故事。而另一边，徐志摩的人生戏剧，才刚刚进入主题。

得之我幸，失之我命

徐志摩回国了，跟着他一起回来的，还有他离婚的消息。

与张幼仪离婚，在徐志摩看来是件欢乐无比的事情，但传到国内，就谈不上欢乐。外人不说，硖石老家的父母不会欢乐；幼仪的家人定然也不会欢乐。这不欢乐的许多人中，还有徐志摩的师父梁启超先生。梁先生原本以为青年人相处不来，只得离婚。他一生致力于维新改良，这点开明程度自然是有的。但后来他听张君劢说，徐志摩离婚后，反而与张幼仪相处得不错，通信不断，这就让他想不明白。所以，在徐志摩回国后，他给徐志摩写了封信，一顿教训。

他说，徐志摩，天下岂有圆满之宇宙？你要知道，人生树立甚难，但消磨甚易。你现在风华正茂，正处在人生中最宝贵，也是最危险的时期。如果沉迷在虚幻的梦境里，只会受挫，最终失志堕落！你要慎而又慎！你与幼仪离婚的举动，是以他人之痛苦，易自己之快乐。况且，这样做是否真的能令你快乐还未可知，却已经让许多人为你的行为感到痛苦；还有，如今的年轻人总是榜标恋爱是天下唯一神圣的事，我固然不反对，但是天下神圣的事情太多，神圣的恋爱亦是可遇而不可求，不能你想如何便如何。多情多感的人，梦想虽多但却难以满足。你所梦想的那种神圣境界，恐怕亦将落空，最后徒增烦恼!

徐志摩知道,梁先生所谓的"神圣境界",指的是他对林徽因的追求。先生此番话的目的,确是出于爱护徒弟,字字都是金玉良言。但是,徐志摩那时已经得知,林徽因已经与梁先生的儿子梁思成有了婚约。想来梁先生通过张君劢等人,也不难知道他对林徽因的心思。所以,梁先生的这封信,恐怕也包含着对徐志摩的警告:不要再对林徽因心存幻想。

可纵是先生警告又如何,他既然回来,就抱定了决心全力一搏,因此他在回信中说:

我之甘冒世之不韪,竭全力以斗者,非特求免凶惨之苦痛,实求良心之安顿,求人格之确立,求灵魂之救度耳。人谁不求庸德?人谁不安现成?人谁不畏艰险?然且有突围而出者,夫岂得已而然哉?……

我将于茫茫人海中访我唯一灵魂之伴侣;得之,我幸;不得,我命,如此而已。

他真是将爱情激荡于理想中,已经全然不顾现实,不顾庸俗的猜忌与世俗的卑鄙。他发誓要用心血浇灌他的爱情理想,将它凝成明珠,朗照灵府。所以,梁启超又能如何?他一样与他叫板。而且,梁启超在对待婚姻的态度上,也已经与徐志摩这一代人的追求拉开了距离。梁启超自己的婚姻,即是包办。娶妻后,又纳妻子的侍女为妾。娶妻纳妾，一代维新志士在自己的婚姻上，同样行使了中国封建社会赋予男人的权利。如今，他看见徐志摩在婚姻问题上，对传统如此蔑视，未免觉得有些不是味道。

然而在徐志摩看来，爱情自由，是人类自由精神的倒影，绝对不能人工嫁接似的包办强配，而只有追求真爱，将爱情放在自由的祭坛上顶礼膜拜，才能体现它的真诚与神圣。也许神圣爱情的确可遇不可求，但茫茫人海中，得之我幸，不得我命，我只管去追求便是。

于是，他放开手脚追。但毕竟，林徽因已名花有主，再怎么追也只能让他们的关系悬着，悬到最后徐志摩就只剩尴尬。

这天，徐志摩去北京松坡图书馆找林徽因。松坡图书馆其实有两处，一处在石虎胡同七号，另一处设在北海公园快雪堂，是梁启超办公的地方。这里一到星期天，少了游人，便显得格外幽静古朴，很适合情人约会。徐志摩不是第一次来这里找林徽因。本来，他是梁启超的弟子，进进出出也没有不对，但他总是在梁思成与林徽因约会时出现，把梁林二人的约会变成了三人聚会。徐志摩俨然是个明晃晃的电灯泡，梁思成不满意了。这不，今天徐志摩到了快雪堂，只见门上贴了张条：Lovers want to be left alone. 这是婉转的逐客令：恋人不愿被打扰。可以想见，徐志摩见了这字条，离开的时候，定是愁成了凄凉。不顾一切追爱，却只得这样的结果，正如他自己说：

我骑着一匹拐腿的瞎马，

向着黑夜里加鞭；——

向着黑夜里加鞭，

我跨着一匹拐腿的瞎马！

……

我冲入这黑绵绵的昏夜，

为要寻一颗明星；——

为要寻一颗明星，

我冲入这黑茫茫的荒野。

……

累坏了，累坏了我胯下的牲口，

那明星还不出现；——

那明星还不出现，

累坏了，累坏了马鞍上的身手。

……

如果仅怀着单纯理想而不顾现实，理想无异于"瞎眼拐马"，如何能够依凭？梁启超果然对徐志摩看得透彻。他太了解自己的徒弟。徐志摩过分执着于单纯的理想，热血到无法感知现实的冷酷。所以他教训他，不可妄求"圆满之宇宙"，那不过是个"茫然如捕风"的幻象罢了。但徐志摩偏偏听不进，他硬是骑了瞎眼的拐腿马来寻明星，

于是碰了钉子，撞了一鼻子灰。最终，爱情的明星遍寻不着，希望
只剩下残骸：

> 希望，只如今……
>
> 如今只剩些遗骸；
>
> 可怜，我的心……
>
> 却教我如何埋掩？
>
> ……
>
> 我唱一支惨淡的歌，
>
> 与秋林的秋声相和；
>
> 滴滴凉露似的清泪，
>
> 洒遍了清冷的新墓！
>
> ……

可是，爱情的微光总是会在希望最黯淡的时候闪动，挑逗多情
之人的感官。就在徐志摩以为他追寻的爱情明星永远落下地平线时，
却不料，它竟又有亮光。这一切要从 1924 年泰戈尔访华说起。正是他，
带着新月般的清辉，照亮了徐志摩因爱而黯淡的生活。

● 陪泰戈尔游华

泰戈尔的中文名字"竺震旦",得自梁启超。

1924 年 5 月 8 日,泰戈尔在他的访华行程中迎来他 64 岁生日。北京各界为他举行了隆重的生日庆贺会。庆贺会的其中一项,便是为泰戈尔献赠中文名。之所以取名"竺震旦",梁启超这样解释:泰戈尔的英文名字 Rabindranath 翻译为中文即"太阳"与"雷","震旦"二字由此而来。再循中国以往翻译外国人名之例,泰戈尔的中文姓氏应以其国——印度,即"天竺"为姓,故定为"竺"。因此,泰尔戈的中文名,便定为"竺震旦"。泰戈尔许是对这个名字很满意,高兴之余受了启发,也给徐志摩起了个印度名字"素思玛"——Soosima。

这次泰戈尔来华,虽是以梁启超"讲学社"的名义受邀,但实际上真正大力推进的人正是徐志摩。虽然,徐志摩对泰戈尔敬爱非常,到了后来,更是直呼泰翁"罗宾爹爹",但有意思的是,他对泰戈尔的文学作品以及哲学体系似乎并不感冒。

早在 1913 年,泰戈尔已经凭借抒情诗集《吉檀迦利》获得诺贝尔文学奖,成为亚洲获此殊荣第一人。这位诗哲的作品有世界级的影响力,但徐志摩从头到尾都没有对他的诗作投以足够的关注,对他的哲学思想也从未明显表达过自己的立场。不过,这些并没有影响徐志摩对泰戈尔的崇拜。1923 年 9 月 10 日，泰戈尔来华前，徐志摩在《小说月报》上发表了《泰戈尔来华》，他说：

"泰戈尔在世界文学中，究占如何位置，我们此时还不能定，他的诗是否可算独立的贡献，他的思想是否可以代表印族复兴之潜流，他的哲学是否有独到的境界——这些问题，我们没有回答的能力。但有一事我们敢断言肯定的。就是他不朽的人格。

他的诗歌，他的思想，他的一切，都有遭遗忘与失时之可能，但他一生热奋的生涯所养成的人格，却是我们不易磨翳的纪念。所以他这回来华，我个人最大的盼望，不在他更推广他诗艺的影响，不在传说他宗教的哲学的乃至于玄学的思想，而在他可爱的人格，给我们见得到他的青年，一个伟大深入的神感……"

不难看出，徐志摩对泰戈尔的推崇，完全源自他的人格——博爱，至诚，坚韧，追求和平与自由。这似乎也是徐志摩自己终生探求的生命境界。所以，泰戈尔在徐志摩眼中成了高山仰止的人物。他不惜用最华丽的辞藻来形容这位慈爱的老人：

"他是不可侵凌的，不可逾越的，他是自然界的一个神秘的现象。他是三春和暖的南风，惊醒树枝上的新芽，增添处女颊上的红晕。他是普照的阳光。

他是一派浩瀚的大水，来从不可追寻的渊源，在大地的怀抱中终古的流着，不息的流着，我们只是两岸的居民，凭借这慈恩的天赋，灌溉我们的田稻，苏解我们的消渴，洗净我们的污垢。

他是喜马拉雅积雪的山峰，一般的崇高，一般的纯洁，一般的壮丽，一般的高傲，只有无限的青天枕藉他银白的头颅。……"

虽然这几段浓烈的文字读起来难免发腻，但无疑表达了徐志摩对泰戈尔人格的崇敬。同时，对泰戈尔的作品与诗作的影响，徐志摩也承认"无法回答"。因此，他积极推动这位伟大的诗哲到中国来，不为"推广他诗艺的影响，不在传说他宗教的哲学的乃至于玄学的思想，而在他可爱的人格，给我们见得到他的青年，一个伟大深入的神感……"让泰戈尔人格的神辉，引导中国人在动荡的年岁里，从"怀疑、猜忌、卑琐的泥溷"中解脱。

徐志摩笃定泰戈尔的影响力，但泰戈尔自己，却怀疑他的到来是不是真的能给中国人的思想与心智补充营养。但无论他在踏上了这片古老的土地之前有多么迟疑，当他见到那些欢迎的人潮时，或许能找回勇气。他的到来是当时中国文化界的一大盛事。当他乘坐的轮船抵达上海码头时，文化界名人，各大报社记者，都在欢迎他。而与泰戈尔神交已久的梁启超在欢迎词中，也不吝溢美之词："我们用一千多年前洛阳人士欢迎摄摩腾的情绪来欢迎泰戈尔哥哥，用长安人士欢迎鸠摩罗什的情绪来欢迎泰戈尔哥哥，用庐山人士欢迎真谛的情绪来欢迎泰戈尔哥哥。"

有欢迎的地方就一定有批评。陈独秀、郭沫若、沈雁冰、瞿秋白、林语堂等人在对待泰戈尔的态度上，就与梁超启、徐志摩泾渭分明。在陈独秀他们看来，泰戈尔的思想放在中国，简直是中国青年的思想大敌。郭沫若就毫不客气地说："世界不到经济制度改革之后，一切什么梵的现实，我的尊严，爱的福音，只可以作为有产有闲阶级的吗啡，椰子酒；无产阶级的人终然只好永流一身的汗水。平和的宣传是现世界的最大的毒物。"

听到了这样的反对声，泰翁的心受了打击。他的思想在自己的国家，被认为过分前卫，而到了中国他却被指责太过保守。真是愁杀了老人。虽说他原本认为，如果只谈诗歌，或许对不住对他寄予厚望的中国朋友，但事实证明，如果他仅仅谈诗，或许更容易被人接受。

三四十场的演讲，无数的会面与接见，老人很累。或许此时，最能令泰戈尔感到安慰的，就是他的忘年交素思玛——徐志摩了。这真是一位热情真挚的青年。他几乎一路都在陪着泰戈尔，无论是演讲，还是茶话、游览，从上海到北京，他当翻译，当导游。甚至有一次，他陪泰戈尔到法源寺赏丁香，竟因情绪激动，在树下作了整整一夜诗。

泰戈尔的访问是否对当时的中国有现实意义，或许的确值得商榷。但就徐志摩个人而言，泰戈尔的这次访问，意义重大：正是在这次接待泰戈尔的活动中，他看见了他与林徽因爱情中那点残存的微弱希望。

泰戈尔到了北京后，同是新月社成员的林徽因加入了接待工作。据说当时陪同泰戈尔的"林小姐人艳如花，和老诗人挟臂而行，加上长袍白面、郊荒岛瘦的徐志摩，犹如苍松竹梅的一幅三友图"。这一对金童玉女似的人物，本就前缘未了，加上日日相处，旧情复燃也在情理之中。而这段时间他们最珍贵的记忆，恐怕要数为排演《齐德拉》时的接触。

同样是为了在泰戈尔 64 岁生日庆贺会上为他庆祝，新月社同人排演了由泰戈尔改编自印度史诗《摩诃婆罗多》的《齐德拉》。那是一个与爱有关的故事。戏里，林徽因扮演女主角齐德拉公主，徐志摩扮演爱神。在爱神的帮助下，齐德拉公主终于与她爱慕的王子，过上了幸福快乐的生活。

这出美丽的爱情神话里，观众最无法忽略的，不是王子与公主，而是爱神与公主。他们每一次交汇眼神，都是心的相连，连得如此默契如此和谐。他们仿佛能从对方的眼中读懂台词，更能从对方的眼神中，读出台词以外的情愫。真情演绎出的戏剧，无疑会感动所有人。这次演出取得了巨大的成功。它是第一次以全英文演出的戏剧；是徐志摩的新月社，作为一个团体，第一次公开举行的活动；而它对徐志摩而言，最重要的意义是，它是一剂强心针，让徐志摩仿佛早已麻木的爱情渐渐苏醒。不但如此，或许是徐志摩与林徽因在台上的感情过分满溢，漫出了舞台，渗入了现实，于是招来了流言。据说，梁家也对二人产生了不满。

因为一场戏，两人传出绯闻，俨然现代八卦新闻的桥段。但这两人的绯闻却很难让人不当真。毕竟，他们曾有一段共同的康桥回忆。而徐志摩从来没有彻底放弃对林徽因的爱，这几乎是公开的秘密。他归国后仍是待她殷切，待她温柔一如初见。林徽因再理智，但终归还是个女人。女人对痴情浪漫的男人天生少了免疫。因此，就算林徽因当时诚如外界所传，真的陷入了情感的挣扎，也再自然不过。

可是，林徽因依旧是林徽因，理智得能让所有女人羡慕。她或许挣扎矛盾，但她最终选择了远离情感的是非。《齐德拉》公演后不久，林徽因再次离开了，这次是去美国上大学，与梁思成一起。于是，徐志摩的爱情苏醒宛如一次生命的回光返照。

天地彻底暗了。徐志摩茫茫然，不知道该往哪里走，颓丧得直想掉泪。偏偏这时，他要陪泰戈尔到山西推广农村建设计划。这一别再回来，怕是林徽因已经离开，不知何日才能见到了。5月20日，泰戈尔前往山西，送行的车站，徐志摩终于爆发。他知道林徽因就站在人群里，但是他不敢看。即便看了又能怎样？他们只是随着车辆前行，越来越远，最终消失在彼此眼里。他系在林徽因身上的情丝，怎么就这样能说断就断了？原来爱情如此脆弱，真是不敢相信。

他伤心至极，铺开信纸，写了封信：

"我真不知道我要说的是什么话，我已经好几次提起笔来想写，但是每次总是写不成篇。这两日我的头脑只是昏沉沉的，开着眼闭着眼都只见大前晚模糊的凄清的月色，照着我们不愿意的车辆，迟迟地向荒野里退缩。离别！怎么的能叫人相信？我想着了就要发疯，这么多的丝，谁能割得断？我的眼前又黑了！"

信没有写完，他还来不及送出，火车却要走了。他焦急，冲向站台，同行的泰戈尔秘书恩厚之见他如此伤情激动，便将他拦下，帮他把信收起。于是，这封没有写完的信，就这样永远没有被寄出，随着徐志摩与林徽因的爱情，一起被岁月留在了记忆里。的确，单凭理想无法对抗现实，"去罢，青年，去罢！悲哀付与暮天的群鸦"；从那场幻梦里醒来，"去罢，梦乡，去罢！我把幻景的玉杯摔破"。天空爱上大海，只有风叹息……

三

新月如洗

• 聚餐会与新月社

北京西单附近的石虎胡同七号有座王府似的宅子，古树参天。这座宅子有名，里面住过西南王吴三桂和清代名臣裘日修；也有人说这宅子闹鬼，是当年北京城有名的凶宅；后来，梁启超把松坡图书馆专藏西文图书的分馆办在这里。徐志摩回国以后，便进来当了英文干事，并将其间的一处房屋作为自己的居所。

当年，松坡图书馆总务部主任是蹇季常先生。有一天，他看见徐志摩在自己的住处外挂了块牌子，上书"新月社"。或许他当时没有想到，这个25岁的年轻人，在自己的房门口挂了块并不起眼的牌子，竟成为中国近代文坛上一个全新文化团体诞生的标志。

那还是1924年春天，徐志摩正等着泰戈尔访华。总有人说，伶俐如徐志摩，定是为了讨泰戈尔欢心，才应景似的将自己创立的团体命名为"新月社"。诚然，徐志摩的"新月社"与泰戈尔的《新月集》有必然的联系，但"新月"二字，也镌刻着强烈的徐志摩韵味。

徐志摩爱月，看他的诗，总能见团团月彩。雷峰塔下，有明月泻影在眠熟的波心；再看明月似新娘娇羞，用锦被掩盖光艳；有时残月半轮，如破碎的希望，应和了半夜深巷传出的琵琶；而当月光将花影描上石隙，竟能让粗丑的顽石生媚……徐志摩爱月，人也如月般浪漫，情感亦如月般澄明，毫无遮掩。想当初，他为自由，能对张幼仪冷酷如此，却也为了林徽因，热情温柔；他能为理想，毅然拒绝美国的博士头衔，而去英国朝拜罗素，也能为了爱情干干脆脆地离开剑桥。徐志摩的爱与恨，旁人一眼便能看明白。这种对情感毫无遮掩的表达，应了"新月"的清澈明亮，但同时，也是他遭遇文坛风波与情感纠葛的原因。

恐怕就连徐志摩自己都无法确定，像他这样二十几岁，毫无根基的青年，能在短短两年时间中做出什么成就来。那时，大批青年学生从海外归来，北京城里藏龙卧虎，不定哪条逼仄的胡同里一扇不起眼的门后，就坐着一个才华惊艳的青年；而一场新文化运动，又催生了多少团体与刊物。团体如文学研究社、创造社，锐气逼人；刊物如《小说月报》《新青年》亦是风生水起。新月清淡的光辉真的能照彻他的理想吗？

1922 年 10 月，徐志摩回到北京。虽然此时，他正因无法获得林徽因的爱情而被一份深刻的忧郁占定，但这真的不是他生活的唯一重心。毕竟，身在大北京，不管是新朋还是旧友，围绕着自己的都是精英。这些人的才气与名声是驱策的鞭子，让徐志摩一刻也懈怠不得。于是，他与所有刚出道的文学青年一样，跃跃欲试，想在文坛打天下。当然，最直接最简单的方式，便是多多投稿。

1923年1月至3月，短短两个月内，徐志摩在《创造季刊》《小说月报》《努力周报》《时事新报·学灯》《晨报副刊》等刊物上，接连发表了十数篇作品。初入江湖的文学青年，就这样跃马扬鞭开始了自己的文学生涯。

虽然，徐志摩谦虚地说自己的东西不成气候，都是些烂笔头，但实际上，他的诗格律新颖，给了古老的中国诗歌以新的体魄。而他的文字，则带着富丽的联想，清新俏皮，仿佛不沾人世烟火。因此，他的作品一发表，就吸引目光无数。这期间，他最有名的诗，恐怕要数《康桥再会吧》。

康桥，再会吧；

我心头盛满了别离的情绪，

你是我难得的知己，我当年

辞别家乡父母，登太平洋去，

（算来一秋二秋，已过了四度

春秋，浪迹在海外，美土欧洲）

扶桑风色，檀香山芭蕉况味，

平波大海，开拓我心胸神意，

如今都变了梦里的山河，

渺茫明灭，在我灵府的底里；

……

这是首新诗，它最初登在 1923 年 3 月 12 日的《时事新报》副刊《学灯》上。只不过，不是以诗文形式，而是以散文形式出现。并不能责怪编辑出错。这首新诗在当时的中国是一种全新的体裁。它近似于英文"素体诗"，全篇无一字押韵，却贯穿以一定的音节。所以，即便拿它当散文来读，也是一气连贯。没有见过这种诗歌体裁的人，将其误认作散文也实属正常。因此，徐志摩见出了差错也没生气，只是写了信去报社纠正。3 月 25 日，《康桥再会吧》重新登载。徐志摩看了后，发现还是错——顺序乱了。没办法，只得再改。于是，这首诗第三次见报，这次总算对了。

这首诗很快便引起大家的关注，其中的原因除了它的创新之外，接连出错的周折也占了一份。徐志摩因这首诗，成就了最早的诗名，其中有才华，亦有风波。最初的成名经历，就像是徐志摩文坛经历的预言。徐志摩以后便会知道，他这一路走来，麻烦不断，但就目前看来，一切都还平静。

现在，徐志摩诗名日高，加上他天生善交际，所以身边很快聚集了许多志同道合的朋友。他们与徐志摩一样，都曾留学欧美，都是精英，都急迫地想将西方新思想植入古老中国的陈旧生命中。也因为都是书生，所以激扬文字成为他们最好的表达方式。新一代青年渴望言说的空间，于是，"聚餐会"出现了。

在当时的北京知识分子中，流行着一种具有欧洲"沙龙"性质的"会"，生日会、消寒会、聚餐会、互友会，等等。参与的人多是社会名流，大家在一起或论国事或聊生活，或宣泄情感或抒发苦闷。早在英国期间，徐志摩就对参与沙龙聚会情有独钟，现在，他有了自己的交际圈，何妨也组织个"会"？于是，他开始忙碌，积极动员胡适、林长民、丁文江、张君劢等人，成立了"聚餐会"。

这个聚餐会每周聚餐一次，但聚餐的地点不定，或在某个朋友家里，或在饭庄、公园。虽名为"聚餐"，但重点却不在"餐"而在"聚"。一群朋友坐在一起，交流观点，互通信息。他们将严肃甚至枯燥的思想话题，糅杂于趣味无穷的社交中。或许，一种新的艺术风格，一种新的文艺思想，一个新的文学流派，就在觥筹交错间被塑形。

有人说，徐志摩热心组织大家成立"聚餐会"是他因失去林徽因后，便只能寄情于事业。这话也有几分道理，或许在朋友的笑谈中，在浅吟低唱声里，他能暂别失恋的苦痛，描一描自己理想的"棱角"。

我们的小园庭，有时荡漾着无限温柔：

善笑的藤娘，袒酥怀任团团的柿掌绸缪，

百尺的槐翁，在微风中俯身将棠姑抱搂，

黄狗在篱边，守候睡熟的珀儿，它的小友，

小雀儿新制求婚的艳曲，在媚唱无休——

我们的小园庭，有时荡漾着无限温柔。

我们的小园庭，有时淡描着依稀的梦景；

雨过的苍茫与满庭荫绿，织成无声幽冥，

小蛙独坐在残兰的胸前，听隔院蚓鸣，

一片化不尽的雨云，倦展在老槐树顶，

掠檐前作圆形的舞旋，是蝙蝠，还是蜻蜓？

我们的小园庭，有时淡描着依稀的梦景。

我们的小园庭，有时轻喟着一声奈何；

奈何在暴雨时，雨槌下捣烂鲜红无数，

奈何在新秋时，未凋的青叶惆怅地辞树，

奈何在深夜里，月儿乘云艇归去，西墙已度，

远巷蕴露的乐音，一阵阵被冷风吹过——

我们的小园庭，有时轻喟着一声奈何。

我们的小园庭，有时沈浸在快乐之中；

雨后的黄昏，满院只美荫，清香与凉风，

大量的蹇翁，巨樽在手，蹇足直指天空，

一斤，两斤，杯底喝尽，满怀酒欢，满面酒红，

连珠的笑响中，浮沈着神仙似的酒翁——

我们的小园庭，有时沈浸在快乐之中。

《石虎胡同七号》，徐志摩诗作中的名篇。藤娘、棠姑、槐翁、黄狗，映着他的天真本性。那道"依稀的梦景"，正是他理想中的静谧恬宁。这里远离人情纷扰，诗趣无限，清澈秀逸一如他心中的康桥。一首诗，便将一座城移到这里。徐志摩带着他的康桥情结，在这座小园里滋养着他"诗化的生活"与希望。

那时，徐志摩的愿望很简单，他不过是想集合身边的朋友，借着众人的力量，做点自己想做的事情——演戏。演戏一事在当时的知识分子中并不简单，尤其在五四以后，它成为许多进步青年最有力的思想宣传媒介：李叔同在日本创立了"春柳社"；田汉有了自己的"南国社"；茅盾也组织了"民众剧社"。徐志摩也想借着戏剧起步，为自己开辟条新路。

但是，一直到徐志摩把"新月社"的牌子挂起，这些聚在一起想演戏的人却什么都没演成。多亏后来泰戈尔来了，众人为了给泰翁祝寿，才被逼出了一出《齐德拉》。之后，他们也曾想排演几出丁西林的戏，却也只是想，一直没有动静。

没过多久，松坡图书馆为了节省经费，出售了石虎胡同七号。为了延续新月社的活动，徐志摩办起了"新月社俱乐部"。也正是此时，新月社作为一个团体，才真正成形。"聚餐会"时期，大家轮流做庄，活动没有固定场所；当初的"新月社"看起来，也只是名称，组织显然还未定型。现在，新月社同人有了固定的活动场所，即位于松树胡同七号的"新月社俱乐部"。说到这里，还得多谢徐申如与黄子美的帮忙。

· "徐志摩朋友的团体"

在徐申如眼里，儿子徐志摩显然背离了父亲为他设计好的航向：先是从父亲为他定下的婚姻中"叛逃"，接下来又不好好读书以继承家业，而跑去写些无用的诗。换了其他人，把儿子关起来管教也说不定。但徐申如毕竟见过世面，也够开明，所以当徐志摩表达了他要建立新月社俱乐部的愿望时，他大方地答应了。何乐而不为呢？建立团体，有利于儿子扩大他的交际圈。用商人的眼睛观察，这是好事。所以，他不但答应，还垫了一笔钱给儿子当经费。此外，徐申如的好友黄子美也出了钱，而且还帮他们找了房子——松树胡同七号。

在陈西滢的记忆中，那是一栋花园平房，一间大房用来开会，一间小饭厅用来请客。另一间不大不小的房间，是徐志摩的书房兼卧房。黄子美也把这里布置得很好，通了电，接了电话，就连厨子都备好了，听说做的菜很好。

这里有舒服的沙发躺，有可口的饭菜吃，有相当多的书报看，徐志摩挺满意。他的新月社会员们常来这里聚谈。一群文人雅士聚在一起，兴趣也便成了"雅兴"。他们交流学术，探讨文艺，评论时政，好不热闹。此外，新月社还举办各种"会"，其中自然少不了诗歌朗诵会。

秋天，五色的爬墙虎叶子，将松树胡同七号院点缀得色彩斑斓。沈从文一走进院子，便听见一阵清而轻的声音。原来徐志摩坐在墙边石条上读诗，缓急之间，见出情感。这是沈从文第一次见到徐志摩。新月社俱乐部时常举行这样的诗歌朗诵会，徐志摩一有新作，也总是很有兴致地将它读给客人听。

除了诗歌朗诵会，新月社还办读书会。熊佛西印象最深的一次读书会，是梁启超先生来讲解和朗诵《桃花扇》。那天，梁先生讲了《桃花扇》作者的历史，详尽地分析了它的时代背景以及它在戏曲文学上的价值。末了，梁启超还用他流利的"广东官话"朗诵了《桃花扇》中最动人的几首词。据说当时，梁启超在"诵读时不胜感慨之至，顿时声泪俱下，全座为之动容"。

新月社办了许多"会"，新年有舞会，元宵闹灯会，总之琴棋书画，能想出的事情几乎都办成"会"了，只是这戏剧，仍然全无踪影。

这并不奇怪，新月社众人当中，有小说家如凌叔华；有美术家，如闻一多；有知识分子如胡适、陈西滢；有银行家如黄子美；有军界人士如王赓，还有政界人士如张君劢。众人各有各的专长，各有各的工作，哪抽得工夫专门写戏排戏？而这戏迟迟没排上，却也反映了新月社组织的松散。真的过于松散，以致连新月社成员在回忆有关它的事情时，竟然都模糊了记忆。

"他（徐志摩）那门前挂着'新月社'牌子的寓所，石虎胡同七号，是因为他曾经在这里接待过《新月集》的作者——印度老诗人泰戈尔……"

这是饶孟侃的说法。他记错了徐志摩挂牌的时间——应当是泰戈尔来华之前。

"'新月'本来是北平北海公园的一个小俱乐部，由胡适、徐志摩和几个银行家组成，最初只是大家常聚在一起聊天玩玩，当时我在美国没有参加……"

这是梁实秋的记忆，但是他没有参加的"俱乐部"其实是当时的"聚餐会"，并不是后来的新月社俱乐部。而且，当时的聚餐会，显然并不固定在北海举行。

"'新月'不是一个正式的社团，最初是民国十三年在北平的一些教授们，其中包括胡适、徐志摩、饶孟侃、闻一多、叶公超等人定期聚餐的一种集会……"

这是叶公超的回忆，但是，最初的"定期聚餐"时期，可没有饶孟侃、闻一多和叶公超自己。

真不能怪成员们混淆了记忆。要让徐志摩自己想，他可能连自己的新月社有多少人，都弄不清。他随性得很，遇着聊得来的，便把人往新月俱乐部里拉，连入会手续都不见得齐全。比如闻一多，他在 1925 年 8 月 9 日参加了一场新月社的茶话会后，第二天，就正式成为会员了。难怪陈西滢从未曾见新月社有过社员名单。不仅没有社员名单，甚至就连大家一起开会讨论社团宗旨这样的事情都没有。所以，这个时期的新月社，与其说是文学团体，倒不如说是徐志摩朋友的组织，彼此有襟袍关系，各人有各人的兴趣。如果新月社俱乐部里坐着一群人，你根本不知道谁是正式社员，谁又是来访的客人。

新月社很松散，散到连会费都没有正式的负责人来收。所以也就不难想象，新月社俱乐部成立以后，因为无人按时交会费，所以仅两个月，新月就有了巨额的亏空。

交会费一事，不是没有规定，每个人每月一圆五。也不是大家手里紧，交不上。当时新月社里多是名流绅士、太太小姐，每月那点钱不成问题。问题是，不知交给谁。交给徐志摩是万万不成的，他这人没有计划，也没有管账的心思。会费收不上来，其他人倒也罢了，只是委屈了黄子美。

黄子美当初出钱帮徐志摩成立了新月俱乐部，后来又在新月当了管事，大大小小的杂务，都得要他来。徐志摩对他很是感激，本来是想收了会费，把黄子美的垫资还上。这下可好，他随意收人，又不管事，会费没收齐，不但还不上钱，还亏了钱。这倒也罢了，本就垫钱帮忙的黄子美，为着亏空，还得自掏腰包补漏洞。也难怪后来黄子美听说徐志摩因感情苦闷要去欧洲散心时，会连眼睛都红了。所以，徐志摩无比自责："他（黄子美）不向我们要酬劳已是我们的便宜，再要他每月自掏腰包贴钱，实在是太说不过去了。……如果我要是一溜烟走了，跟着太爷们爱不交费就不交费，爱不上门就不上门。这一来黄爷岂不吃饱了黄连，含着一口的苦水叫他怎么办？"

　　能维持住散沙样的新月社，原因之一，是新月社毕竟是"徐志摩朋友的团体"。这些朋友与徐志摩在文艺思想与政治理念上有共同的追求。但更重要的是，徐志摩在人群中产生的强大凝聚力，否则单是朋友，也并不见得非得跟你一起结社。

　　徐志摩的信仰单纯坚定，他追求真理与自由，他一向真诚坦荡，对人怀有爱与同情。这些个人魅力，令徐志摩产生了奇妙的黏合性，连接着周围的朋友。因此，"新月"给了徐志摩灵感与希望，而徐志摩给了"新月"以灵魂。所以，一旦这个灵魂寂灭，新月便会黯淡，人心便散。不说远的，只说 1925 年，徐志摩不过离开北京出游欧洲半年而已，新月社便几乎只剩下一个名号。徐志摩曾在旅途中给新月社众人写了封信，他半是自责，半是激励地问众人："新月新月，难道我们这新月便是用纸板剪的不成？"

　　徐志摩的自责，并不止于新月社的管理。他真正懊恼的是他的理想一点"棱角"也没有露。那些新年年会、元宵灯会、古琴会、书画会、读书会，在徐志摩眼里，充其量不过是大家一时兴起，消磨时光用的时令点缀。不是说谈诗歌吗？怎么现在搓麻将、打弹子的居多了？不是说借演戏以推广文艺，以宣传思想吗？怎么现在，这里越来越像会友交际的场所？不是要谈理想吗？怎么现在竟成了上流先生太太们的娱乐消遣？"这 petty bourgeois（小资产阶级）的味儿，我第一个就受不了。"徐志摩痛心，"我们新月社岂不变成了一个古式的新世界或是新式的旧世界了吗？"

他深觉，理想不露棱角，真是可耻。如果他的新月社生活一直这样过下去，那他笔尖的光芒与心血就都将黯淡，所以他一定要振作。他从来就不是轻言放弃的人。到现在，他仍相信，"'新月'虽则不是一个怎样强有力的象征，但它那纤弱的一弯分明暗示着、怀抱着未来的圆满"。当初，"罗刹蒂一家几个兄妹合起莫利思朋琼司几个朋友在艺术界里就打开了一条新路，萧伯纳卫伯夫妇合在一起在政治思想界里也就开辟了一条新道"，现在，凭借众人的才学与创造力，凭借着共同的梦想，他们一定能让新月呈现它应有的样子。

理想是好，且现实仍然让他失望，他的新月一直被乌云笼罩。但也只是暂时，等他从欧洲回来，接办《晨报副刊》后，他的理想才算露了棱角。虽然新月社众人不像其他文学团体那样，习惯团队作战，但就他们个人而言，都是才华横溢的人物，都可以独当一面。最拿得出手的人，非胡适莫属。

• 与胡适的友情岁月

几乎所有人都承认，徐志摩是新月社的灵魂，而胡适则是新月社的领袖。胡适何许人也？他本名嗣穈，后来，他给自己改了名字——"适"，据说出自达尔文"物竞天择，适者生存"。他是 1910 年"庚子赔款"第二期官费赴美留学生。到了美国，他进了康奈尔农学院学习农学。可是，这个智慧一流的人物，却被苹果树的分类弄得晕头转向。其他人二十分钟能分清三十种苹果树，胡适花了两个半小时，只分出了二十种。所以，他极郁闷地转行。这一转，非同小可，竟成就了他日后的名声。

他开始研究文学、哲学、史学、考据学、教育学、伦理学，陆续获得三十多个博士头衔；他一篇《文学改良刍议》，倡导白话文写作，石破天惊；此后，他出版了中国新文学史上第一部白话诗集《尝试集》；他第一个用白话写作独幕剧，确立了现代话剧的新形式；他的小说《一个问题》，为中国"问题小说"流派开宗之作；他是那场文学革命的领袖。

在徐志摩眼中，胡适敦厚，像师长一样令人觉着温暖，受人尊敬，但创造社的郭沫若就对他印象不好。而胡适在那场"夕阳楼之争"中表现出的英文优越感，更是让创造社视他为对头。毕竟，胡适崇尚的也是绅士风度。他生命中的绝大多数时光，维持着平和。所以那次"夕阳楼事件"也是他先退让，在争论中先对自己的过分言辞表示惭愧，对自己在争论过程中的无礼道歉。然而双方的纠纷在胡适的退让中渐息时，冒冒失失的徐志摩又一头撞入，于是纷争再起，不过那已是后话。

胡适与徐志摩，新月社双绝。因为新月，他们结下了深厚的情谊。徐志摩亲近胡适，"与适之谈，无所不至，谈书、谈诗、谈友情、谈爱恋、谈人生、谈此谈彼……"胡适欣赏徐志摩，认为徐志摩对诗的见解甚高，学力也好。他甚至希望徐志摩能成为东方的惠特曼。也许正是带着这样的期望，他不断地在徐志摩的文学创作上给予他鼓励与灵感，所以徐志摩才会说，他的大多数的诗行是胡适撩拨出来的。可以说，胡适亲手开创了新文化运动，而徐志摩的出现，则继承了他的使命。

胡适与徐志摩的相交，是新文化运动的倡导者与力行者之间的相遇。事实证明，在新月社的全部发展历程中，无论少了他们当中的哪一个，新月都将黯淡。曾经，胡适在徐志摩离开北京时，维系着他们的聚餐会，否则，用徐志摩的话说，聚餐会早已鸣呼哀哉了；后来，胡适失去了徐志摩，新月失去了灵魂。他作为领袖，再也无法像原来那样感召新月同人。于是，新月众人散成了天上的群星，各自光彩。

尽管在很多事情上，胡适与徐志摩同声相契，但他们实如一个灵魂的正反面。徐志摩在这一点上看得透彻，他对胡适说："你我虽则兄弟们的交好，襟怀性情地位的不同处，正大着。"

徐志摩浪漫温柔，文字柔软多情，但现实中，他却能激烈到先以离婚的方式反传统，后以再婚的方式实践他的先锋理想。所以，徐志摩在浪漫里成为持刀骑士，惊世骇俗。而胡适，倡导全面西化的新锐干将，却谨慎保守地留在了包办婚姻里，甘心成为世人"小脚夫人，留美博士"的笑谈。胡适的矛盾，诚然是那一代文人的典型性格，却也是胡适自己的性子。他持守中国文人的礼义与温和，强调着"容忍比自由更重要"。"情愿不自由，也就自由了。"说着这话，胡适在自己的情感问题上秉持了理性。

这种理性，令胡适在唐德刚的《胡适杂忆》中，被说成"发乎情、止乎礼的胆小君子"。或许，发乎情、止乎礼，是因为胡适将他的生命重心落在了经世济民上，而不像徐志摩那样，仿佛是为爱而生的。

还是徐志摩的话："你（胡适）在社会上是负定了一种使命的，你不能不斗到底，你不能不向前迈步，……但我自己却是另一回事，……我唯一的希望是……在文学上做一点工作……始终一个读书人……"或许，胡适并不愿承认自己的使命——政治。在这点上，他羡慕徐志摩也说不定。因为胡适曾说，终生不谈政治。但终其一生，他都在谈论。每一次面向庙堂的言谈，也都是温和，他似乎永远微笑着，向世人描绘他的理想中的社会。

四

翡冷翠的一夜

● 古城明艳的风景

她是上海中国画院专业画师，上海美术家协会会员；她谙昆曲、演皮黄，一手文章气韵天成；她的文学作品很少，几篇散文，一首新诗，一个短篇，半部剧本，却已有人称其为作家；她精通英、法文，三年外交翻译生涯令她成为中国第一位涉足外交领域的女性；她柔艳曼妙，是北京城里有名的名媛；她在胡适眼中，是北京城里不可不看的一道风景；她的前夫王赓，人中俊杰，但她把风情交给了徐志摩；她是徐志摩情书中的"眉"，是他爱的"小龙"；她叫陆小曼。

据刘海粟回忆，他之所以去见陆小曼，只因听了胡适的一句话。那是 1925 年春天，他正闲居北京。一天，胡适对他说："海粟，你到北平来，应该见一个人，才不虚此行。……北京有名的王太太。你到了北平，不见王太太，等于没到过北平。"作为艺术青年，刘海粟对见这位不得不见的王太太充满了罗曼蒂克式的想象，于是他刮净了胡子，换了衣裳便随胡适去了。刘海粟没有后悔去见王太太。第一眼，他便觉得她美艳绝伦，光彩照人。那时刘海粟才知道，站在他面前的这位王太太，正是蜚声北京社交界的陆小曼。

初见，刘海粟觉得，像陆小曼这样的女子应该会些丹青。果然，在胡适为他们做了介绍后，陆小曼便对刘海粟说，她曾学过绘画，希望能得到刘海粟的指点。胡适也在　旁怂恿："海粟，你应该收这位女弟子。"陆小曼笑了，银铃样的笑声竟让年轻的画家有些不安，"如果刘先生肯收，我就叩头了！"就这样，陆小曼就成了刘海粟的弟子。

就在刘海粟与胡适刚到不久，徐志摩便匆匆赶来。他微笑着与陆小曼打了招呼后，便待在一旁不说话。一整天下来，徐志摩全用自己的眼神来表达意见，很少开口。刘海粟觉得奇怪，志摩平时健谈得很，怎么今天也拙于言辞？难道是被这位王太太的睿智与辩才慑服了不成？

陆小曼对新拜的先生很是敬重。她拿出自己的许多字画来给他看，要他批评。刘海粟看了以后对她说："你的才气，可以在画中看到有韵味，感觉很好。有艺术家的气质。但笔力还不够老练，要坚持画下去，一定能成为一个好画家。"听了这番话，徐志摩按捺不住心中的喜悦，一把握住刘海粟的手说："海粟，你真有眼力！"这一下，刘海粟更是不解，心头暗忖：小曼听了赞美都还沉静呢，你激动什么？

大约半年后，刘海粟总算解了这个疑惑。那时，整个北京社交界都在疯传：有夫之妇陆小曼搭上了离婚男人徐志摩。这时的刘海粟回想起那次见面时徐陆二人眉目间的神色，才恍然明白：早在那时，徐志摩与陆小曼已难舍难分了。只是他没想到，自己后来竟也在这段风月情事中，占得不大不小的一席。

　　刘海粟还记得，那是 1925 年 9 月的上海，徐志摩刚从欧洲回来两个月。一天，他带着一张满是心事的脸来找自己。徐志摩的眼里有悲，有喜，闪着光，有千言万语，只是一时无从说起。刘海粟聪明，直直便问："你和小曼相爱多久了？"

　　徐志摩稍镇定了心绪，便说："我们已经不能自拔了。我曾几次很想忘掉她，但已经忘不掉了……你得帮我……"

　　刘海粟这才知道，那时徐志摩与陆小曼相识不过两年，但他们感情却早已站在命运的路口，彷徨。

　　通常的说法是，徐志摩与陆晓曼相识于 1923 年。那时，他与张幼仪的离婚协议书上还有余温，他的灵魂还带着因失去林徽因而留下的泪痕。而恰恰就在徐志摩的心空洞成一片荒凉时，陆小曼炫了他的眼。

　　或许你会说，黑白老照片里的陆小曼平凡得很。那样的容貌实在撑不起"一代佳人"的帽子。今人看陆小曼，只是从照片里，但真正见过陆小曼的人都说，照片中的影像远远不足以描摹陆小曼的风致。都说她本人极美，起立坐卧都是风度。在聚集了无数绅士名媛的北京城里，陆小曼的行止举动让无数人神迷。不论别的，单说她跳舞。

陆小曼是跳舞高手，据说要是哪一天的舞池中没有她的倩影，"几乎阖座为之不快"。而只要她在，"中外男宾固然为之倾倒，就是中外女宾，好像看了她也目眩神迷，欲与一言以为快"。

徐志摩与陆小曼结识，只因她是友人王赓的妻子而接触交往。回国之初，徐志摩认识了王赓。同是梁启超的学生，认识起来定然不费力，既然是同门的妻子，认识陆小曼也是自然。况且，整个北京社交界，又有谁不知道陆小曼？所以，当初陆小曼最先吸引徐志摩的地方，也只不过是她顶上"一代佳人"的名号而已。可渐渐地，徐志摩发现，陆小曼的那些名声绝不是单靠交际手腕博得，她是真正的大家闺秀。

陆小曼是美，可那不是表面的妖媚，而是从骨子里透出的风韵。或许是因出身名门，陆小曼的气质中，带着东方女性的端庄娴雅。那番气韵，笼着珍珠般的光泽。如果你以为陆小曼作为一代交际名媛，定然爱些艳丽的装扮，那就错了，其实她并不特别打扮自己。陆小曼不爱艳丽的衣裳，总是选择淡色的服装，就连发式也永远是清丽的直发，或是扎成小辫，或是拢在耳后，雅致俏丽。说她淑女贞静，并不为过。你听徐志摩怎么说，他说一件蓝布袍，就能让陆小曼眉间带上特异的光彩。他在日记里写着："我爱你朴素，不爱你奢华。……你穿戴齐整的时候当然是好看，但那好看是寻常的，人人都认得的，素服时的眉，有我独到的领略。"

陆小曼确实独到。这北京城里名媛无数，她们也个顶个儿的漂亮，有才气，但陆小曼的才华却不一般。就是她这样一个容光明媚、体态轻盈、颠倒众生的女子，才情与她的身姿一样曼妙。

陆家是江苏常州的望族，世代书香。家学渊源，让陆小曼自小便有了深厚的古文功底，写起旧诗来，婉约，清新，不事雕琢。时人评价她的文风颇有明清风度。她人生得美，画起画来也是美。刘海粟后来评价陆小曼的画，说她的工笔花卉和淡墨山水，颇见宋人院本的传统。陆小曼不但通晓传统国学，西学功底也不差。18岁前，她就读得许多英法原版书，说起英文、法文来，也是优雅流畅，连连妙语。

在新文化运动蓬勃的年代，陆小曼已然成为时髦的代名词。与她在一起，你不必问可以与她聊些什么，单看你想与她聊什么。这样的陆小曼，似乎生来便是为了让世上的男男女女为之神迷。若说徐志摩被她吸引不足为奇，那么，也许就连当事人自己也说不清，究竟是什么力量的牵引，使得他们的恋情如风暴般猛烈地发展。要知道，陆小曼当时已是罗敷有夫，她的丈夫王赓，陆军少校，青年才俊，论人才品貌并不输徐志摩。况且，徐志摩与王赓同是梁启超的门生，朋友之妻，徐志摩怎么就真的这样不客气？

但或许，陆小曼的这个丈夫，正是那股力量的来源之一。

• 漫步红尘烟雨中

王赓，也是不一般的人物。他能被梁启超相中做弟子，能进美国普林斯顿大学与西点军校，想必也是才华横溢，亦可称得上学贯中西。当时他任职外交部，1919 年巴黎和会期间，也曾是中国代表团的上校武官，回国后任航空局委员，前程大好，一时俊彦。这也就难怪陆小曼的父亲，会从追在女儿身后的无数权贵士子中，一眼便挑中他。或许是怕乘龙快婿被人抢了去，陆父在相中了王赓后，不过一个月，就急急地把 19 岁的女儿嫁了过去。

一样的父母之命媒妁之言，陆小曼同样逃不了那个时代的礼制。这一嫁，陆小曼仿佛坐在云端里，性灵迷糊竟和稚童一般来不及反应。慢慢地，新婚的新鲜劲儿过去，陆小曼发现，这位杰出的青年，日子过得就跟在军队里一般：星期一到星期六上午，工作，杜绝一切玩乐；星期六下午到星期日全天，玩乐，拒绝一切工作。

试想，此时的陆小曼早已名动京城，跳舞，聚会，出游，都是她信手拈来的快活。那种在王赓看来合情合理的规律生活，在陆小曼看来，定然刻板得闷。其实，王赓并不是不爱小曼。他大陆小曼不少，对她是尽了心地宠着，护着。但是，女人，尤其是陆小曼这样柔艳如三月春花的女人，你除了要护着外，还得懂温情，有情趣。这样她才会满意，才能开得娇俏。只可惜，王赓不会。他宠爱有余，而温情不足。磊庵曾在他的《徐志摩和陆小曼艳史》中这样评价王赓："这位多才多艺的新郎，虽然学贯中西，而与女人的应付，完全是一个门外汉，他娶到了这个如花似玉的漂亮太太，还是一天到晚手不释卷，并不能分些工夫去温存温存。"

王赓是个好人，如果与他结婚的是别人，那他或许是个好丈夫，可惜他的妻子是陆小曼。他不懂陆小曼，他不了解陆小曼的风情与志趣所在，给不了陆小曼要的那种体贴，更给不了她想要的热情与生活，所以陆小曼与他在一起，并不开心。她最终明白，王赓并不是适合自己的丈夫，"两性的结合不是可以随便听凭别人安排的，在性情和思想上不能相谋而勉强结合是人世间最痛苦的一件事"。可是，陆小曼天性中的"娇慢"让她宁愿将自己的意志压抑，也不想让人看见自己正在受苦。于是，她硬着脖子，在众人艳羡的眼光里，忽略内心痛苦的呼号。

直到，她认识了徐志摩。

与棋盘一样规整齐划的王赓不同，徐志摩是跳荡的溪水，欢快而灵动。徐志摩自小就比别人活泼。郁达夫曾这样回忆徐志摩。他说，徐志摩还在杭州府中的时候，就总喜欢和这个那个闹闹，结果却终于会出其不意地做出一件很轻快很可笑很奇特的事情来吸引大家的注意。待到徐志摩游历了欧美后，与欧洲名士的结交，更是让他长成了一个长于社交的人。

就好像与陆小曼在舞池中的光彩呼应一般，徐志摩在交际场上，同样也是个人物。你可以在文人学者的座谈上找到他，也可以在达官丽姝的聚会中见到他。无论在哪里，只要他清亮的，带着一点硖石口音的嗓音一响，在座的人无论心神如何不快，都自然地被他声调中的快乐所感染，一切烦心的事，便在他的热情与欢快里，不见了踪影。

徐志摩所具有的生活情趣，想来王赓也定然不及。徐志摩喜欢跳舞，爱看戏自己也演戏；他乐于与名人雅士游山逛水，山水间还能与人讨论些人生哲学、生活艺术；他会抽烟也能喝酒，但却不是瘾君子；他爱漂亮女人，欣赏她们赞美她们追逐她们，虽也涉足花丛，却从不沉溺其中，浪漫而不颓靡……如此徐志摩，女人哪有不爱的道理。相传，当年曾有名门淑女因仰慕他而相思成灾，还差点闹出了人命。于是徐志摩便多了个"大众情人"的封号。

结识了王赓与陆小曼，徐志摩常常往王家跑，约夫妇俩看京戏，到六国饭店去跳舞，去来今雨轩喝茶，往西山游玩。陆小曼自然乐意加入，但王赓有些犯难。最初，碍于同门情谊，加之他又极欣赏这位横溢的诗人，因此徐志摩相邀，他也常抽空一起去玩。可徐志摩来找他与陆小曼，不会管什么假日不假日，只要兴起，一准儿到王家报到。久而久之，王赓心疼起那些耗在游山玩水、舞池玩乐上的时间，于是，只能对徐志摩说："叫小曼陪你去吧，我太忙，我不去……"他也会对自己的妻子说："对不起，让志摩陪你去玩，我忙……"

不难想见，王赓为人冷静，理智，是个事业心重的人。当然，徐志摩也并不是游手好闲的纨绔子弟。他一样有事业心，胸中一样有着理想的火苗。只是，他与王赓相比，更懂得如何享受生活，而不愿轻易辜负生命赋予的意义，所以他浪漫，也热烈，对生命有火一样的激情，仿佛不将人间烧成一片赤地而不罢休。就像他在康桥求学时，有一次在狂暴的风雨里等待，浑身浇了个透，只为了捕捉一条雨后虹。

这便是他对生活的激情，带着不顾一切的执着与决绝，多大的风雨也浇不灭。他的生活宗旨，一向带着他所推崇的西方人的入世方式，是一种把"热乎乎的一个身子一个心放进生活的轧床去，不叫它留存半点汁水回去；非到山穷水尽的时候，决不肯认输、退后、收下旗帜……"

所以，当徐志摩带着他的热烈与爱情面对面时，便坚持："真爱不是罪在必要时我们得以身殉，与烈士们爱国，宗教家殉道，同是一个意思。"是的，徐志摩便是这样将爱情视作宗教，愿为之身死的人。

因此我们便能想见，浪漫热烈如徐志摩，遇见了陆小曼，那是一场胜却多少人间至景的绝代相逢。一个是浪漫的彩虹，热烈多情；一个是美的光芒，轻盈娉婷。四目相接，眼波一抹惊鸿，如春风吹开三月桃花，便是人间最美的风景。可若仅仅是这样，徐志摩与陆小曼的爱，或许会少一些。但偏偏，那股让他们陷入热恋浓情的力量里，还有他们为彼此点亮的，精神的需要。正是这一点，让他们义无反顾地一起投向了爱情。

"爱的生活也不能纯粹靠感情，彼此的了解是不可少的。……最高的了解是灵魂的化合，那是爱的圆满功德。"徐志摩深信他与陆小曼——他的眉，能因对方而让彼此的灵魂走向圆满。因为他们了解对方，因为他们趣味相投。同是文学与艺术浸染下的灵魂，每一次交流都是生命的愉悦。不单如此，徐志摩懂陆小曼。他知道，陆小曼正压抑着自己的心性，所以他劝她，做一个"真"的自己，教她"自埋自身是不应该的"。徐志摩在对陆小曼说着这样的话时，想来眼睛里正射出灿烂的光辉，照彻了陆小曼的肺腑。

真正的情场高手会明白，抓住女人的心，从来不必使太大的力气在别的地方，只要你能真正懂她，懂得她心里那一点从不愿为别人说的情绪，那你便抓住了她的心。那一点情感的触碰，会御下她所有的心防。徐志摩或许不是特别的情场高手，但他天性中的浪漫与热烈，令他比其他人更懂女人，最重要的是，他比王赓懂陆小曼。

所以，当王赓在他日日刻板的生活行轨中，将陆小曼推给他时，他真挚地，劝着陆小曼不必再自欺欺人地在时光中偷活。这，便是在陆小曼的心上拉了一把，把她拉向了自己。于是，陆小曼的生活转了方向，心也转了方向。

他们跌入了爱里。

徐志摩因有了陆小曼，而宛若新生。这是爱情的力量。有人说，如果无法忘记一个人，是因为时间不够久，新欢不够好。可是，一个好的新欢或许比时间更能治愈心伤。此时的徐志摩失去林徽因不过一年半而已，但多亏了陆小曼这个新人够好，于是，他这朵本无处着地的雪花，才能那样快地摆脱情感的迷茫，认清自己的方向。现在，他可以"盈盈的，沾住了她的衣襟，贴近她柔波似的心胸——消溶，消溶，消溶——溶入了她柔波似的心胸！"多么甜蜜温柔。情人的抚慰，融融的，暖了他的胸。这就是爱情。

也许是上天有意，就在徐志摩与陆小曼频繁往来的时候，王赓被调往哈尔滨任警察厅厅长。原本就是志趣相投的人，再得了这样好的机缘，这一天天的，感情哪有不浓起来的道理？于是，徐志摩与陆小曼的爱，开始肆意地放纵，仿佛这世上再没有其他人存在似的，情浓得再也化不开。

陆小曼像是一道光照进了他原来灰暗的灵府，点亮了他的心火。原本在情人间最平常不过的调笑，也能激发诗人最澎湃的诗潮。不过是玩笑间，陆小曼娇嗔吐出一个"疼"字，在徐志摩的诗里，都是浓情带着缠绵："那'疼'，一个精圆的半吐，在舌尖上溜——转。一双眼也在说话，晴光里漾起心泉的秘密。"

那怎么也看不够的爱人，当然也得用笔写下：你看她郊游时，快活逍遥："一闪光艳，你已纵过了水，脚点地时那轻，一身的笑。像柳丝，腰娜在俏丽的摇……"你看她安睡时，一样美丽娇艳，就像"星光下一朵斜欹的白莲……香炉里袅起一缕碧螺烟……三春的颜色移上了她的香肌，是玫瑰，是月季，是朝阳里的水仙，鲜妍，芳菲！"

徐志摩在陆小曼流动的生命里起了一座爱墙，在那里，他的爱纯钢似的强，"任凭秋风吹尽满园的黄叶，任凭白蚁蛀烂千年的画壁；就使有一天霹雳翻了宇宙，也震不翻你我'爱墙'内的自由！"用浪漫情诗说出的爱的誓言，如此执着而坚强。

这是爱。世事轮转，年复一年。相同的日升月落，因为身边有你而变得独特。你是一切灵感的源泉，生命也便因此而丰富生动。爱你，等于爱着自己的生命。于是，石虎胡同七号新月社里，"翡冷翠的一夜"后，两人私订了终身。从此，徐志摩变得什么也不要了，陆小曼已经给了他"完全的甜蜜的高贵的爱情"。在那里，他"享受了无上的心与灵的平安"。但这平安享得太早。

这对才子佳人，在当时都是风流的人物，本就活在众人眼底，一点风吹草动都能引起话题，更何况他们的交往，已然热烈到盲目，忘记了遮挡。于是，陆小曼的母亲知道了。任你多开明，任外头的新潮、解放已经吵得有多凶，但已婚的女儿与人私通，在哪个做父母的眼里，不是一件有辱家风的事？放着好日子不过，什么精神不精神，都是外国小说中的行为，在长辈眼里，都是无谓的话。因此陆家家长禁止了徐志摩与陆小曼的往来。

原本徐志摩得着陆家长辈的宠爱，在陆家进出自如，但这下，他几次去找陆小曼，勃勃的兴致都被守门的仆役兜头浇了凉水。无奈，只好学旧戏文中的情形，贿赂了挡驾的门人。使了这一手，门就打开了缝。可几次下来，门人的胃口却越来越大，一次竟要了徐志摩五百元。但这不是最令情侣头疼的地方，更头疼的是，陆家的丫鬟们，总是纠缠。她们甚至将徐志摩送给小曼的香水，名贵饰物，乃至书信都扣下……可怜陆小曼虽然心里清楚，却也说不得。

渐渐地，整个北京城知道了。这段风流韵事被人嚼成了渣。最后，王赓也知道了。被自己信赖的兄弟背叛，这怨与恨，是个男人都吞不下，更何况王赓是个军人，自有军人的硬脾气。听说，他为此事摔了枪。那时的王赓正在孙传芳的五省联军司令部里任参谋长。按说北洋军阀治下，王赓身居这样的职位，举起枪对着徐志摩扣动扳机泄愤，于公于私外人都无法多说一句。但他没有这样做，毕竟也是儒将。不对徐志摩喊杀，站在王赓的角度看，便是极大的风度。也正是这风度，足以让徐志摩愧得避开。

· 行走于欧洲

"龙龙：

离别当然是你今晚纵酒的大原因，我先前只怪我自己不留意，害你吃成这样，但转想你的苦，分明不全是酒醉的苦……"

离别，是因徐志摩要去欧洲。

一个月前，徐志摩接到恩厚之从南美寄来的信，说是泰戈尔想他想得厉害，希望能跟他在意大利见上一面。泰戈尔想他想得紧，可徐志摩此时正为了他与陆小曼的爱情肝肠寸断，绝不想离开北京。但他还是回了信，告诉他最亲爱的老戈爹，自己虽然不愿意离开北京，但一想到老戈爹病了，想他了，就禁不住眼中含泪，坐立不安。于是，他决定，无论如何一定要在 3 月里跟老爹见上一面。

他在这个当口走，虽说是应泰翁邀请赴欧，可明眼人一看便知，徐志摩多半是借这次离开，避避与陆小曼情事的风头。

大多数时候，感情没有理智与道理可言。徐志摩与陆小曼的爱情，在情感上或许能为人所理解，但在道德上，他们着实理亏。那还是 20 世纪的 20 年代，即便在今天，无论再怎样提倡开放，人们也无法原谅他们。徐志摩面对舆论，或许还能倚仗着他的理想与激情挺着胸面对，但王赓，他要如何面对？无论自己眼里的爱情有多高贵，厘想有多纯洁，他徐志摩总归夺了兄弟妻。

所以，你可以说他的离开，是为了逃。逃开一时之间的满城风雨，逃开王赓；你也可以说，这是他的自罚。就如他自己所说，这是一次"自愿的充军"；你或许还可以说，他是为了沉淀自己的情感，厘清自己的思绪，细想与陆小曼的情感出路。无论如何，徐志摩打算离开了。

1925 年 3 月 9 日晚，酒宴，饯行。

新月社的朋友们在场，陆小曼出席，王赓也出席。这不是一去不回的旅程，但因感情的波折，这酒吃得反倒像是为了一次永诀。陆小曼大醉，连叫着："我不是醉，我只是难受，只是心里苦。"陆小曼苦，徐志摩也苦。他想抱着他的眉，让她安稳，让她舒服，可是王赓在，所以，他只能站在一旁看，轮不到他来疼他来爱，而只能揪着心，咬紧牙关替陆小曼熬着。好不容易，人群散去，他含泪，把爱恨情痴写在纸上：

"我的肝肠寸寸的断了，今晚再不好好的给你一封信，再不把我的心给你，我就不配爱你，就不配受你的爱……我现在不愿别的，只愿我伴着你一同吃苦……

我只能站在旁边看，我稍微的一帮助就受人干涉，意思说'不劳费心，这不关你的事，请你早去休息吧，她不用你管'！……

……愤，慨，恨，急的各种情绪就像潮水似的涌上胸头；那时我就觉得什么都不怕，勇气像天一般的高，只要你一句话出口什么事我都干。……

我人虽走，我的心不离开你，要知道在我与你的中间有的是无形的精神线，彼此的悲欢喜怒此后是会相通的，你信不信……"

信的最后，他不忘嘱咐陆小曼等他回来。他说，"只要你决意等我，回来时一定使你满意欢喜。天下没有不可能的事——只要你有信心，有勇气，腔子里有热血，灵魂里有真爱。"这信一写，便写了整整一夜。

从信上看，徐志摩似乎对他与陆小曼的事情有了解决的方法，以至于"回来时一定使你满意欢喜"。但现实中，徐志摩看起来并没有明显的举动。他只是一边周游，一边等着与泰戈尔会合。不但如此，他这次欧洲之旅，倒像是专程为了清明去的。

在写给《现代评论》的通讯中，徐志摩说："我不仅上知名的或与我有关系的坟，……我每过不知名的墓园也往往进去留连，那时情绪不定是伤悲，不定是感触，有风听风，在块块的墓碑间且自徘徊，等到斜阳淡了再计较回家。"

过莫斯科，他凭吊了克鲁泡特金、契诃夫，瞻仰了列宁的遗容；到佛罗伦萨，他去了但丁、勃朗宁太太、米开朗琪罗的坟；在罗马，他拜谒了雪莱、济慈；等到了巴黎，他不但去了伏尔泰、卢梭、小仲马、雨果、波特莱尔、曼殊斐儿的墓前，还哭拜了茶花女、卡门。

凭吊是将精神的迷茫托付理想的偶像。徐志摩带着一颗惶惶的心来，因为道德与理想的拉扯，人情与现实的残酷，一切都在危及他的信念。在出国前，3 月 4 日，他写给陆小曼一封信，第一句话便是：

"你知道我这次想出去也不是十二分心愿的，假定老翁的信早六个星期来时，我一定绝无顾恋的想法走了完事……"可见，他想过放弃，但或许是幸运，泰戈尔的信晚了六个星期才来。

既然机缘不许他放弃，那便只有坚持。寻访伟人，便是为了给自己的意念注入坚定的心血。雪莱、济慈、伏尔泰、卢梭、曼殊斐尔，都曾在他心里种下浪漫与激情。现在，他重来探访，静静凝望，幽幽冥想。一次次瞻仰，一次次缅怀，亦是在回望他曾有过的理想，坚定他现在怀抱的追求。或许就在这墓园里听风的时候，生者的信仰与死者的理想再一次地，产生了共鸣。

自己的理想坚定了，就盼爱人的想法与他一样。但他与陆小曼中间隔着远远的距离，她的身边还有家人跟朋友在干扰她，所以他生怕爱人忘了自己，于是便写信对她说："你不能忘我，爱，你忘了我，我的天地都昏黑了。"他必须鼓励他的爱人，让她明白，他们之间的真爱"一定有力量打破一切的阻碍，即使得渡过死的海"。

可有时，陆小曼捎来的信中，总透着绝望的语气。但他不能退却，他必须鼓舞她，给她勇气。"能勇就是成功，要大抛弃才有大收成，大牺牲的决心是进爱境唯一的信道。"有些时候，陆小曼免不了因顾念家人的情感，而显得软弱。这时，他得坚定爱人的信念，让她抛却妇人之仁："你说老太太的'面子'……我不知道要杀灭多少性灵，流多少人的血，为要保全她的面子！……这是什么时代，我们再不能让社会拿我们的血肉去祭迷信！"他告诉陆小曼，他们俩人的命运，就在于她的决定，而她决定的日子，就是他们的理想成功的日子。

一封封信，连连地发，纵使隔着半个地球，他也没有忘记让自己的精神与陆小曼站在一起，肩并肩地对抗那些因循守旧的人群与制度。这是一场与命运之神的战斗，也正是在这场战斗中，徐志摩得知，他的小儿子徐德生夭折了。

那是 3 月 26 日，他抵达柏林，去见了张幼仪。三年，这是徐志摩与她离婚后，第一次见到她。他来见张幼仪，也是来见小儿子德生，却不料，张幼仪挂着两行泪在等他，而 3 岁的幼子变成了一撮冷灰，静静躺在小小的盒里。

这才是他真正要做的清明。

孩子生前，徐志摩仅见过他一面。那是在与幼仪签署离婚协议那天，他们刚放下笔就到医院去看孩子。小小的生命，软软地躺着，莹润的肌肤闪着生的希望，正等待着未来。徐志摩那时贴着玻璃痴痴看了好久。可那一见之后，他再也没有见过自己的孩子，只是通过他母亲的信，才知道他长高了，长得像极了自己；知道他人见人爱；知道他极有音乐天赋，3 岁大就喜欢听贝多芬与瓦格；知道他睡前一定要抱着小提琴才能入睡……

如果他能长大，必定漂亮，或许能成为另一个莫扎特。他继承了父亲的灵性，母亲的坚韧，会是天底下最出色的孩子。也许是上天后悔将这样完美的品性赋予一个凡人，所以将他的性命折损。徐志摩捧着孩子的骨灰盒不断地掉眼泪，这泪里有伤痛，有愧疚，有对命运无常的哀叹：

"彼得，可爱的小彼得，我'算是'你的父亲，但想起我做父亲的往迹，我心头便涌起了不少的感想；我的话你是永远听不着了，但我想借这悼念你的机会，稍稍疏泄我的积愫……是怨，是恨，是忏悔，是怅惘？对着这不完全、不如意的人生，谁没有怨，谁没有恨，谁没有怅惘？除了天生颟顸的，谁不曾在他生命的经途中——葛德说的——和着悲哀吞他的饭，谁不曾拥着半夜的孤衾饮泣？我们应得感谢上苍的是他不可度量的心裁，不但在生物的境界中他创造了不可计数的种类，就这悲哀的人生也是因人差异，各各不同，——同是一个碎心，却没有同样的碎痕，同是一滴眼泪，却难寻同样的泪晶……"

或许徐志摩此时能想起，这个从自己血肉与性灵中生生分裂出的灵魂，在他甫未出世时，曾遭到自己怎样的诅咒。他在生命的最初，没有得到父亲的祝福。没有福缘的幼子，就这样离开。徐志摩第一次明明白白地感受到，曾经真的有一点血肉从自己的生命里分出，可惜迟了。迟到的慈爱甘液，无法滋润一株已然萎折的鲜花。他给陆小曼写了一封信，倾诉了自己的悲切，还在信里附了小彼得的照片，让陆小曼帮他珍藏。而他深切体验了生命无常之后，将那份永远无法对爱子表达的情谊，全都转给了陆小曼。

徐志摩对陆小曼的情意，日复一日地浓烈。他每天都在等陆小曼的来信。等不到，就仿佛被几百斤的石头压住了心，心口火热，身体冰凉，说不出的难受；只有等到了信，他才有了安慰。所以，每一次通信，他都迫切地，不厌其烦表达自己的爱意与决心，他信中的一字一句都在鼓舞他的眉。徐志摩实现了离开前的诺言，"人虽走，但心不离开你"。

· 凌乱了谁的心

当徐志摩在海外惆怅的时候，陆小曼正在闺中呻吟。当别人做着浓浓的梦时，她静悄悄地坐在书桌前，听着街上的一声两声的打更声，听着风吹过树枝，冷冷清清呆坐着。坐到最后，惆怅得只得去寻梦，梦里徐志摩没有走。在那里他们能自由做想做的事情，没有旁人毁谤，没有父母干涉。她悔，悔当初不该劝徐志摩离开，她也恨，恨自己没勇气，总是为着别人的闲话生活。

在这场恋爱中，陆小曼并非毫无顾忌。很久以后，当陆小曼回想起这场疾风骤雨般的热恋时，她还清晰地记得那份，跟随着恋爱一起到来的烦恼与痛苦。她很清楚，她与徐志摩的爱，得不到家庭的谅解，更得不到社会的谅解。至少，在她还没有离婚，还是"王太太"之前，她就得背负自己的耻辱与家门的耻辱；她更清楚，她投进徐志摩生命中的爱，极有可能不但不能给他幸福，反而会毁了他的一生。所以，当初劝说徐志摩应泰戈尔邀请出国的人中，除了朋友，也有她。

让他走吧，约好了彼此再不通信，让他到外头去洗一洗脑，借一次短暂的分别，让这段因缘暂告一段落，让各自的生活都变回原来的方向。因此，她对徐志摩说："你还是去走那比较容易一点的旧路吧，那一条路你本来已经开辟得快成形了，为什么又半路中断付出呢？前面又不是绝对没有希望，你不妨再去走走看，……我很愿意你能得着你最初的恋爱，我愿意你快乐，因为你的快乐就和我的一样……"

这是不是真心话？徐志摩若真的得着"最初的恋爱"，陆小曼会快乐吗？也许，她会继续将自己埋在热闹的交际场里，艳羡着别人的快乐，快乐着别人的快乐。情人总是嘴里硬着，心里软绵绵的。否则，信不过迟来了几天，她怎么坐立不安，无理由地心跳，又怎么会胡思乱想，他是不是当真实践了分别时的承诺，再不写信来了？

怎么可能不通信？徐志摩的信，还是一封封地发来了。几乎是每到一站，便给他亲爱的眉写信，告诉她沿途的风光，告诉她新鲜的事物，告诉她自己无时无刻不在念着她。

徐志摩的爱情，就这样隔着远远的大洋，穿透薄薄的信笺，烘烤着她日日冰凉的心。甚至在她自认失败，决定随命运漂流，任由他人摆布的时候，徐志摩挚诚的情感，也一再地击碎她逃避的计划。她或许想不到，那个以浪漫著称的诗人，竟也能激昂如此，他说：

"来！我的爱，我们手里有刀，斩断了这把乱丝再说话。——要不然，我们怎对得起给我们灵魂的上帝！是的，曼，我已经决定了，跳入油锅，上火焰山，我也得把我爱你洁净的灵魂与洁净的身子拉出来。……"

其实，她并没有少跟家人争论，没少跟王赓闹。她为了爱情，决定要"拼命干一下的好"。做人为什么不轰轰烈烈呢？她争取了，闹了。闹完了，就回房间倒头便哭。本就是个病美人，这样一来身体每况愈下。况且，她的应酬多得躲也躲不掉，每天拿着千疮百孔的身子应付别人，在精神上苦到极处，却没人知道。有时候，她会觉得，若是日子再这么熬下去，身体就再也担不起这样的愁苦，或许等不到徐志摩，这日子便要过完了。

毕竟，她是独自一人面对众人，徐志摩的精神支持再大，也无法解决眼前的实际。那天，母亲丢给她一封信。那是徐志摩写给母亲的，信中透着稚儿般的真诚，婉转地劝导着母亲。可是他哪里知道，那些"明珠似的话好似跌入了没底的深渊"，那些可怜的求告，丝毫打动不了母亲滑石一样硬的心肠。所以，她只能将日子一天天拖下去，直到有一天，她再也无法拖延，陆家收到了王赓的最后通牒。当时王赓在上海公干，他给陆家写了一封信，那严肃的语气在陆小曼看来，像极了对下属的命令："如念夫妻之情，立刻南下团聚。"

父母要她立刻做决定，逼着她一个星期内动身去上海。她苦思了一宿，一清早便去争闹。她勇气百倍，预备拿性命来争取。可是，她大败而归。做女儿的，再狠，也敌不过父母凄凄的泪。父母到底生了她养了她，岂能害他们。于是她妥协了，牺牲了自己的爱情。她给徐志摩去了最后一封信，希望他能回来：

"摩！唯一的希望是你能在二星期中飞到，你我作一个最后的永诀。以前的一切，一个短时间的快乐，只好算是一场春梦，一个幻影，没有留下一点痕迹，可以使人们纪念的，只能闭着眼想想，就是我唯一的安慰了。……要是我们来不及见面的话，苦也不要怨我，不是我忍心走，也不是我要走，我只是已经将身体许给了父母……"

这是"永诀"。乌云盖住了她的希望，黑暗暗地不见一点亮光。悲切中，陆小曼不禁生出恨：上天造出了陆小曼，为什么又造出徐志摩，让他教会了自己爱，尝了爱的苦，却不给她爱的结果。这真正是让她痛在心头，恨在脑底。

信发出去，徐志摩接到后，见事情再无法拖延，便打点行装回国。他本在早些时候就有回国的打算。因为他接到胡适从国内来的信，得知陆家与王赓松了口风。当时原想马上动身，可是，泰戈尔还没有来。毕竟是应了泰戈尔的邀约，无论如何，总得见一面。所以徐志摩还是按下心，耐心等，却还是免不了写信跟小曼抱怨：

"这回旅行太糟了，本来的打算多如意多美，泰戈尔一跑，我就没了落儿，我倒不怨他，我怨的他的书记那恩厚之小鬼，一面催我出来，一面让老头回去，也不给我个消息，害我白跑一趟……"

泰戈尔一直没等到，徐志摩趁这时候到处游玩，伦敦，巴黎。为了陪张幼仪散心，他们两个人一起去了意大利。只是这期间，他的心一直挂着北京，为了陆小曼终日抑郁，食不知味。这样的徐志摩让张幼仪觉得，他对陆小曼热切超过了对爱子的哀悼，于是便拿他取笑："你来欧洲只带了一双腿，胃没带来，'心'也在别处用着。"他就这样，一路愁苦着，直到收到陆小曼的信。这下，徐志摩再也管不了泰戈尔了，打点行装匆匆回国，7月底便到了北京。

· 爱情如花，开到荼蘼

在徐志摩出国的这段时间里，事情并非如陆小曼担心的，只是一味地坏，其中也有些积极的亮光，仍是有同情他们的朋友替他们出声，刘海粟便是。

刘海粟与陆家有同乡之谊，加上他又是陆小曼的师傅，因此陆家人视刘海粟，便少了一份看外人的生疏。曾有一次，刘海粟与陆小曼的母亲谈起小曼与徐志摩的事情，陆母对他说了心里话："当初是因为我们都喜欢王赓才把亲事定下来的。我们也不是不喜欢徐志摩，只是人言可畏。"

刘海粟听完这话，当即便向陆母提出："许多因婚姻不自愿而酿出的悲剧，希望长辈要为儿女真正的幸福而做出果断的抉择。"陆母也是知书达理的人，仔细想想也就明白了几分道理，再加上做母亲的哪有不心疼女儿，她何尝不知道陆小曼为了这件事情受了太大的苦，再拖下去也不是办法。所以她最终还是松了口。这下，事情便有了转机。

胡适把这个好消息捎给了海外的徐志摩，当下，徐志摩便有了计划。于是，他回国后，便找到了刘海粟，两人一商议，决定由刘海粟与陆母一起，陪陆小曼去上海见王赓。

在刘海粟的印象中，陆小曼动身去上海那天，来送站的人当中不乏北京的社会名流，有学者教授亦有闺阁名媛。刘海粟不免感慨，得陆小曼这样一位情人，定然需要不浅的福分。旁人有心发感慨，而徐志摩无心。对他而言，陆小曼这次南行，是一次与命运相关的搏斗，他哪有不盯紧的道理。于是，陆小曼前脚刚到上海，徐志摩后脚便跟上了。他以学术研究为名，与刘海粟待在一起。徐志摩将自己与陆小曼感情线索，详细告诉了刘海粟。

当时的刘海粟，二十多岁的年纪，留学日本归来，也是血气方刚的青年。与所有的新潮青年一样，刘海粟的血液里，同样激荡着破旧立新的因子。早在1914年，这位艺术青年就在自己创办的上海国画美术院开设人体写生课。这在中国，可是开天辟地的第一次。他因此成了当时人们口中的"艺术叛徒"。可他不但不退缩，反倒以此名号自居。这样的热血青年，自然也以反封建为己任。想当初，他自己也为了"自由婚姻"而逃过婚。此时，他听了徐志摩的讲述，自然倍加同情，便答应将这个忙帮到底。于是，就有了那场功德林酒宴。

功德林是一家素菜馆，环境雅致。1925年9月的一天，功德林里来了这样一群人：徐志摩、陆小曼、王赓、陆母吴曼华、杨杏佛、唐瑛、李祖法、张君劢、唐腴胪（唐瑛之兄）、刘海粟。虽说刘海粟是这次宴会的召集人，但徐志摩也是半个主人——他这次，是公开向王赓要老婆。徐志摩紧张，用刘海粟的话说，这是因为徐志摩毕竟是个生性忠厚的君子。他虽然极爱陆小曼，但要这样公然夺好友妻，脑子里的道德束缚哪有那样容易挣脱；陆小曼心里也忐忑，她虽巴不得马上解决这愁杀人的事端，但她极深的涵养，令她看起来从容不迫，坐在母亲身边仍是仪态万方。刘海粟很佩服陆小曼当晚的举动，她的行止既不让王赓有半点难堪，也不让徐志摩觉得过分得意。

开席后，刘海粟斟酌了一番，以反封建入题，大谈婚姻应以感情为基础，否则便是有违道德，而离婚的双方应当继续保持友情，因为爱情与友谊不可混为一谈。王赓不会不明白此话的用意，1925年9月，王赓便与陆小曼办了离婚手续。一场功德林酒宴，让陆小曼与徐志摩的爱情迎来了云破日出后的第一道光。

陆小曼自由了，可是这一对冤家，那时虽同在上海，但那场功德林宴会后，却总也见不上面。不奇怪，毕竟两人的关系现在正处在风口浪尖上，虽然王赓应了要离婚，但两人还是不能太张扬。为此，徐志摩心情郁闷得很，他写信给胡适诉苦：

"今天又是淫雨天，爸爸伴我来（杭州），我来并无目的，只想看看影踪全无了的雷峰，望一望憔悴的西湖，点点头，叹叹气，回头就走。……适之，这心到底是软的，真没法想，连着几晚真是：

我长夜里怔忡，挣不开的噩梦，谁知我的苦痛？

眉影踪全无，料来还在上海，我离南前大致见不着了……"

真是字字句句透着惨淡。其实，徐志摩也曾约了陆小曼到杭州来私下里会面。他以为小曼会来，一个人跑去车站守着，但冤家不曾来，无奈，拿出日记本写下几句：

"去车站盼望你来，又不敢露面，心里双闷的难受，结果还是白候，这时候有九时半！王福没有电话来，大约又没有到，也许不叫打，这几次三番想写给你可又没法传递，咳，真苦极了，现在我立定主意走了。"

　　记这日记的本子，便是日后著名的《爱眉小札》。徐志摩从欧洲回来时，便将它随身带着，只记他的小曼，只写他对小曼的恋。今天，他记的，是他来车站等她，站在车站远远看着，想见却不敢靠前的窘相。无奈，这次等小曼等不来，而徐志摩却是非走不可了。他答应了陈博生和黄子美要接办《晨报副刊》。

五．徐志摩的《晨报副刊》

事业，与爱同行

其实，徐志摩早想要办份报纸。他回国之初，老师梁启超有意推荐他当《时事新报》副刊《学灯》的主编。虽然有梁任公推荐，但徐志摩毕竟刚刚回国，一无名气，二无根基，所以《学灯》主编一事未能如愿。不久以后，张君劢的"理想会"要办一份月刊，名为《理想》。他向徐志摩要稿子，当然，也拉了徐志摩入伙。因《学灯》一事抱负未展的徐志摩欣然同意，挥笔写就《政治生活与王家三阿嫂》投了过去。结果，徐志摩发现，那《理想》月刊永远只是"理想"，一直出不了娘胎，他失望至极。

再后来，《晨报》负责人黄子美听说徐志摩有意办报，就想让他为《晨报》办个副刊。但当时的徐志摩已然没有先前的踌躇满志，此时的他，正为着陆小曼的事情心神不定，所以对黄子美的提议一直没有上心。

徐志摩自己不上心，可是他的朋友们却替他上心。当他说要去欧洲散心时，陈博生和黄子美都不放他走。情急之下，他只得应承，说从欧洲回来后，一定接办《晨报副刊》。等他从欧洲回来了，陈博生他们便讨债似的逼他赶紧兑现办报的承诺。可是，那会儿的徐志摩还在为陆小曼的事情伤情呢，哪里顾得上办什么报纸。这下陈博生急了，无奈之下，他联合众人演了出戏来激徐志摩。

这天，陈博生在《晨报》报馆里摆开宴席，约了徐志摩、陈西滢、张奚若等几个朋友吃饭。徐志摩知道，这是要让几个人当说客了，可他想不到，席间居然有人对他接办《晨报副刊》提出了反对意见，理由是：徐志摩不配办报纸。他这样的人，只配东游西荡，偶尔写点小诗解闷。甚至还有人说，副刊这种东西是"该死"的时候了。

说到这里，陈西滢干脆说："我也不赞成徐志摩办副刊，因为我最厌恶副刊。我主张处死副刊，趁早扑灭这流行病。如果是冲着这目的，我倒是支持志摩办副刊的。志摩，我给你两条建议：第一步，你逼死别家的副刊；第二步，掐死自己的副刊，从此人类可永免副刊的灾殃。"

大家听了陈西滢这话，都笑得停不住。陈博生趁机开始利诱，说徐志摩啊，如果你要办报，另起炉灶的话总得要自己贴钱，现在《晨报副刊》现成给你了，还有薪水可以领，多好的一件事。

一通激将，威逼加利诱，徐志摩总算动了心。想他原来一直"心不定"，遇到感情的事情，又把一切抛诸脑后，只活在自己的情绪里，或许浪漫的诗人，注定感性大过于理性。所以，虽然他对理想总是执着，但却也总是脚跟无线，无目的地忙碌着。现在，朋友们对他还是信任，愿意把一份报纸交给他来办。自己的理想总算有人愿意帮他实现，还有什么可推辞的？接手就是，但是他又一想，《晨报副刊》是日刊，这意味着每天都要出一张报纸，多难啊。这一下脑子又涨起来了，于是便开条件道："我也愿意帮忙，但日刊实在太难，假如晨报周刊或是甚至三日刊的话，我总可以商量。"

陈博生一听，手一拍："好！你就管三天副刊！"就这样，徐志摩有点半推半就地接手了《晨报副刊》。

接手了《晨报副刊》，徐志摩的理想有了崭露棱角的平台。他的"棱角"是什么？是他的态度、主张与思想。

"我自问我绝不是一个会投机的主笔，迎合群众心理，我是不来的，谀附言论界的权威者我是不来的，取媚社会的愚暗与褊浅我是不来的；我来只认识我自己，只知对我自己负责任，我不愿意说的话你逼我求我我都不说的，我要说的你逼我求我我都不能不说：我来就是个全权的记者，……我自己是不免开口，并且恐怕常常要开口，不比先前的副刊主任们来得知趣解事，不到必要的时候是很少开口的。"

这就是徐志摩，只对自己负责，不迎合，不谀附，不取媚。正是这份对自由的追求，与对个性的提倡，让徐志摩的形象看上去，不仅限于浪漫诗人，同时也是一个具有独立思想的知识分子。尽管，这个知识分子看上去感性与浪漫永远多于理性与现实。

· 文艺圈里的"自己人"

如今，徐志摩从英国回来已有三五年。三五年，给一个普通人能做些什么？一场真心实意的恋爱也便满了。但徐志摩在这三五年里，不但经历了一场刻骨铭心的失恋；更打造了一场惊世骇俗、毁誉参半的热恋；他写了诗文若干，惊艳了暮气沉沉的中国；还创办了属于自己的社团，开一代文学流派之先声。现在，他不过也才 28 岁，就接手了《晨报副刊》，当了主编。上天眷顾徐志摩，就是这份被"逼"接手的报纸，在他的主持下，竟成了日后与《京报副刊》《民国日报·觉悟》《时事新报·学灯》齐名的，五四时期中国四大报纸副刊之一。

徐志摩"人主"《晨报副刊》，无疑开启了《晨报副刊》的"徐志摩时代"。这么说总有道理，先看徐志摩为《晨报副刊》找的撰稿人：

梁启超、赵元任、张奚若、金岳霖、刘海粟、闻一多、任叔永、丁西林、陈西滢、胡适之、张歆海、陶孟和、江绍原、沈性仁、凌叔华……这些名字眼熟？哪能不眼熟，都是平日里走动的朋友，大多也是新月社的友人。单看这些名字，也就怪不得其他人说，《晨报副刊》是徐志摩的，更是新月社的。的确也是新月社的，徐志摩正是要借着这份报纸好露一露他的棱角；原本松散的新月社能因这份报纸的联结得以团结，何乐而不为呢？

说是《晨报副刊》的"徐志摩时代"，还因徐志摩一来，晨报的风格便整个地照着徐志摩走。他早先接办的时候便对陈博生他们说了："我说我办就办，办法可得完全由我，我爱登什么就登什么。"徐志摩说办法由着他，这第一件事，就是把报纸的刊头先换了。原来的刊头只是几个楷体字外加年月日期数，太不符合徐志摩的艺术审美要求。先是那几个字太平常，于是徐志摩找来前清举人书法家蒲殿俊，重新提了刊名，写的是隶书。还不够，单是字有些单调，于是，找来凌叔华照着琵亚词侣的一张扬手女郎图放在刊头。

结果，这画因徐志摩的一时疏忽，让外界误以为是凌叔华"剽窃"了琵亚词侣的作品。虽然后来徐志摩写文章解释清楚了，但凌叔华后来总被人拿这事说事。一直到来年五月，凌叔华还气哼哼地为这事抱怨徐志摩。所以，后来的晨报副刊头画，换成了闻一多的画——一个男子站在山崖上，瘦骨嶙峋，绝望呐喊。

"办法由着他"的第二件事，便是对《晨报副刊》的编排做了调整。先是版式，由原来的八开八版，改成了四开四版；然后是出刊的日期。原来《晨报副刊》是日刊，到了徐志摩这里，便是周一、三、四、六四天出刊，且偏重于文艺。比如，有罗志希、姚茫父、余越园谈中国美术，邓以蛰来谈西洋艺术；有余上沅、赵太侔谈戏剧，谈文学，而西洋音乐则有萧友梅、赵元任；中国音乐，自然是李济之谈。

看起来，《晨报副刊》的徐志摩时代，真正来临了。为它撰稿的人，在它那里所发表的文章，都符合徐志摩的趣味。很明显，他就是要借着这个大平台团结他的新月同人，而不为发行量迎合读者，不为党派依附上层言论。《晨报副刊》成了徐志摩最有力的思想武器。这里激荡着徐志摩的思想主张，同样也激荡着新月社价值观念。有了它，徐志摩终于有了一个可以发声的地方。

虽说《晨报副刊》多多少少成了徐志摩自家人的地盘，但它并不封闭。但凡优美忠实的文字，也总是能被他发现，比如沈从文的《市集》；有时，哪怕是反对意见，只要写得漂亮，徐志摩也一样照刊不误，后来的两次文坛大讨论，也亏了徐志摩不分正反地刊文。但这里，先说沈从文的《市集》。

沈从文原来潦倒。在刘勉己还是《晨报副刊》主编时，沈从文曾给他投过三四篇文章，换稿费交二十块房租。其中有一篇便是《市集》。徐志摩接了报纸后，发现了这些文章，而且一眼便看上了《市集》。他折服于沈从文白描式的笔触，欣喜之余便将它发表了。徐志摩掩饰不住对这篇文章的欣赏，在全文发表了沈从文的文章后，还在后面加了一段附注：

"这是多美丽，多生动的一幅乡村画。作者的笔真像是梦里的一只小艇，在波纹瘦鳞鳞里的梦河里荡着，处处有着落，却又处处不留痕迹；这般作品不是写成的，是'想成'的。给这类的作者，批评是多余的：因为他自己的想象就是最不放松的不出声的批评者；奖励也是多余的：因为春草的发青，云雀的放歌，都是用不着人们的奖励的。"

却不料，这样赞美的文字，沈从文见了，却背脊发凉。因为这文章，是在《燕大周刊》发表过的，《民众文艺》也曾转载。原来报纸刊发的时候，用的只是他的笔名，而现在，徐志摩把"沈从文"三字写上了。或许是凌叔华刊首图事件让沈从文心有余悸，亦或许是沈从文一稿多投的事情总让人产生不好的印象，所以连忙写了声明到《晨报副刊》解释。徐志摩当然把沈从文的声明全文发表了，完了还不过瘾，他在沈从文的声明后，又加了自己的附注：

"从文，不碍事，算是我们副刊转载的，也就罢了。有一位署名'小兵'的劝我下回没有相当稿子时，就不妨拿空白纸给读者们做别的用途，省得掺上烂东西叫人家看了眼疼心烦。我想另一个办法是复载值得读者们再读三读乃至四读五读的作品，我想这也应得比乱登的办法强些。下回再要没有好稿子，我想我要开始印红楼梦了！好在版权是不成问题的。"

这便是徐志摩的风格，有点义气，有点潇洒。

从沈从文的事情上，也透露了徐志摩办报纸的另一个风格：总喜欢在别人的文章后面，加上一段附记、按语之类。这到底是得谁的真传？恐怕是梁启超。话说当年蒋百里写了篇《欧洲文艺复兴史》，洋洋洒洒五万字，交给梁启超作序。结果梁先生这序一作，也是五万字。五万言的文章作序怕是不妥，于是梁先生重新为蒋百里的书写了一短序，把自己的五万言长序改作著作给出版了。

徐志摩在当主编时，竟也有这样的时候。比如，张奚若投来一篇《副刊殃》，不过一千字。结果，徐志摩在后面加了附注，竟有两千字之多；比如刘海粟投来一篇《特拉克洛洼与浪漫主义》短文，也不过一千来字，结果徐志摩给它的附注竟有三千字之多。所以，他的附注被"扶正"，独立成文发表了。

徐志摩喜欢写附注，也是因为有话想说，便借着作者的话一并说了。太长的按语到最后喧宾夺主，这份理直气壮也着实可爱。徐志摩自认这是一种"毛病"，但他这"毛病"却便宜了读者。除了评介作者，徐志摩也总喜欢在附注里谈谈他选文章的想法，谈谈报纸的稿件都是如何来的。他的附注，有时就像电影花絮一样给了观众以得见幕后制作的乐趣。

六 · 爱是无法言说的迷信

• 尴尬的婚礼

在与王赓等人的功德林宴会后，徐志摩与陆小曼一直没有见上面，直到徐志摩到北京接办《晨报副刊》，陆小曼也没能见到他。两人得以团聚，还是因为陆小曼看到徐志摩登在报纸上的文章，才知道冤家在北京办报纸。这才寻了过去。

陆小曼到了北京后，徐志摩便在北京中街寻了一处院子，一起住下。事业正是风生水起的时候，而身边又有佳人陪伴，徐志摩的日子真是快乐得不知从何处说起。但是，陆小曼的家人，不会甘心让自己的女儿没名没分就这样跟着徐志摩，他们要的是一场明媒正娶的婚礼。可徐申如会同意吗？怕是很难，好在徐志摩有胡适。胡适不但是徐志摩事业上的伙伴，也是生活中的益友，最重要的是，他还是徐申如最信服的人。所以，徐志摩便写了封信：

"……爸最信服你，他也知道你是怎样知我爱我的，你如其与他恳切的谈一次天，一定是事半功倍的。总之老阿哥，烦你也烦到底了……总算是你自己弟弟妹妹的大事，做哥哥的不能不帮忙到底，对不对？且等着你回来，我们甜甜的报酬你就是。……"

陆小曼也央求胡适道："先生！并非是我老脸皮求人，求你在他爹娘面前讲情，因为我爱摩，亦须爱他父母，同时我亦希望他二老亦爱我，我受人冷眼不少了，我冤的地方只你知道……"胡适哪有不帮忙的道理。为了劝服徐申如，他在1926年春节前，特地到硖石停留了两天。

其实，就算没有胡适的劝说，徐申如自己也知道，他的这个儿子只要打定了主意，是无论如何也拉不回来的。他拗不过儿子，但还有最后一线希望，于是，他对徐志摩说，除非得到张幼仪本人同意，否则，便不能娶陆小曼进门。徐志摩只得同意。

于是，张幼仪回来了，再一次成了徐志摩感情世界的局内人。六十年后，张幼仪还清楚地记得那次会面。仿佛是为了最后确认一次那早已经轰动中国的离婚事件，徐申如问张幼仪："你和我儿子的离婚是真的吗？"

"是啊。"张幼仪的语气平和。听了他的回答，徐申如露出迷惑的神情，张幼仪看出，那里面还有难过。"那么，你反不反对他与陆小曼结婚？"

"我不反对。"张幼仪摇摇头说。她看到，徐申如把头一撇，失望极了。他劝服徐志摩的最后一道防线，就这样崩溃了。而当时的徐志摩则高兴得从椅子上跳了起来,乐不可支。他张开双臂,仿佛要拥抱整个世界。可是,他的这个举动,却让指上的玉戒从开着的窗子飞了出去。徐志摩惊恐万状。那是陆小曼送他的订婚戒。张幼仪觉得,这似乎预示着徐志摩与陆小曼之间,会发生些什么。

但无论如何,这婚到底还是结成了。徐志摩为了这场婚礼,连他的报纸也无暇顾及。最终,《晨报副刊》因为这位大主编的热情降低而沉寂。所以,靠着《晨报副刊》团结一处的新月社众人,也因"新月灵魂"的"魂不守舍"而云散。

1926年夏天,梁实秋在北平家里接到一张请柬:

夏历七月七日即星期六正午十二点钟洁樽候叙

志摩

小曼拜订

座设北海董事会

虽然没有写明为什么设宴,但因那张请柬很别致,梁实秋一看,大抵就能猜出这不是一般性质的宴会,再一打听,便知那是徐志摩与陆小曼的订婚宴。

梁实秋去了。他觉得设宴的北海董事会是个好地方,亭榭厅堂,方塘清泉,因平日里并不对游人开放,故而显得幽静宜人。可梁实秋去的那一天,那里一点儿也不清静。得有百来号人吧,杨今甫、丁西林、任叔永、陈衡哲、陈西滢、唐有壬、邓以蛰……梁实秋在当时年纪小，"忝陪末座，却喝了不少酒"。

在梁实秋出国留学前，与徐志摩并不是特别熟，仅见过几面。后来留学期间，他曾给徐志摩主编的《晨报副刊》投稿，最重要的是，他们有一些共同的朋友，因此回国后梁实秋便与徐志摩立刻相识了。但此时的梁实秋对陆小曼与徐志摩事情还不十分了解，而他正是从这场宴会衣香鬓影、名流云集的宴会中听到了许多关于此事的信息。

中国人的宴会，向来不只是吃饭这么简单，交流感情、交换新闻才是正经，更何况，这可是徐志摩与陆小曼的订婚宴。徐陆的这段风流，在这场宴会上，再次被众人翻搅得沉渣泛起。有人说，诗人与名媛，是天作之合；有人说离婚的男人与有夫之妇，是不成体统。梁实秋听着这些议论，觉得结婚离婚本是男女双方的事，与第三人无关。的确如此，但转念想想便知，如果这只是风流才子俏佳人的一时游戏，那的确也不过就是市井间茶余饭后的闲谈。可现如今，他们竟办了婚宴当了真，那么，这件事便与礼制扯上了关系，不再是笑笑就能过去的事，因此，所有人在这时都恨不得化身道德评判官。于是，众人欢喜微笑脸一转，就只剩了一张窃窃的议论的嘴。

并不是看不见那些异样的眼神，但既然徐志摩与陆小曼能走到这一步，当然不会因这点议论止步。一个半月后，1926 年 10 月 3 日，农历八月二十七日，他们举行了结婚仪式。陈寅恪和赵元任，专程从清华赶来；从来只穿西装的金岳霖，为了当伴郎特地借了长袍马褂穿上；德高望重的梁启超，为他们证婚，而正是梁启超当日发表的证婚词，让这场婚礼旷古绝今。

"徐志摩，你这个人性情浮躁……你离婚再娶就是用情不专的证明！陆小曼，你和徐志摩都是过来人，我希望从今以后你能恪遵妇道，检讨自己的个性和行为，离婚再婚都是你们性格的过失所造成的，希望你们不要一错再错自误误人，不要以自私自利作为行事的准则，不要以荒唐和享乐作为人生追求的目的，不要再把婚姻当作是儿戏，以为高兴可以结，不高兴可以离，让父母汗颜，让朋友不齿，让社会看笑话。……我希望这是你们两个人这一辈子最后一次结婚！……"

也只有梁启超能这样教训徐志摩。他心疼自己的徒弟，了解他的为人，清楚地知道徐志摩的浪漫理想，过分单纯。他用自己冲动的感情，为自己编织一张苦恼的罗网。所以，梁启超希望能在徐志摩走向灭顶的灾祸前，拉他一把。如果梁启超对徐志摩是"爱之深，责之切"，那他对陆小曼，却是无半点好感可言。在他眼里，陆小曼就是红颜祸水。他那番棍棒一样的话打在陆小曼头上，只是为了提醒她，不要把自己的徒弟置于死地。

然而，一切只是徒劳。徐志摩与陆小曼的相遇，注定是一场现实照进理想的悲剧。徐志摩的信仰，将他的生活带进了窄仄的甬道，也将陆小曼由一场极致的幸福推向了一场极致的悲凉。

1926 年 11 月，在北京的张幼仪突然接到徐申如夫妇从天津拍来的电报："请携一佣来我们旅馆见。"幼仪很惊讶。她知道那时徐志摩与陆小曼刚刚结婚南下，回到硖石老家。照理说，陆小曼这才刚见公婆，怎么徐申如会在这个时候到天津来？

张幼仪没有多想，她尽快到了天津见了徐家二老。她发现，两位老人今天异常烦恼，此前，她从未见过他们这样。怎么回事？

先开口的是徐母，她气极了，说话的语速很快，声音在发抖："陆小曼第一次来看我们，竟然要求坐红轿子。"张幼仪一听，便明白二老之所以这么快便离开硖石老家，全因陆小曼不讨喜。也难怪徐母不开心，那种红轿子，需要六个轿夫扛。它在传统中国对于一个女人而言，意义非凡。只有第一次出嫁的女人才有权利坐轿子，一个女人一生只能坐一次。陆小曼是离过婚的女人，提出这样的要求，徐母无法接受。

所以，徐母生气了，但陆小曼令她不满的地方，还不止这一处："还有啊，吃饭的时候，她才吃了半碗，就可怜兮兮地让志摩帮她把剩下的半碗吃完！那饭还是凉的哪！志摩吃了说不定会生病哪！"说到这里，徐申如也忍不住插话："吃完饭我们正准备上楼休息，可是你看陆小曼接下来要干什么。她竟然让我儿子抱她上楼！那楼梯有五十多级……"

"你有没有见过这样懒的女人呀？她的脚连缠都没有缠过的！"徐母几乎是在尖叫。

二婚的女人坐红轿子，剩饭让丈夫吃，要丈夫抱她上楼，这哪一样是传统中国儿媳妇能干的事情？陆小曼真是把能惹的祸几乎全惹了。但张幼仪心里清楚，陆小曼所有的举动在她自己看来，也许不过是夫妻间的生活情调。这个在北京城鼎鼎有名的交际名媛，习惯了寻找快乐，过惯了被追捧的生活，纵使结了婚，心恐怕也回不了家的。所以，陆小曼与她不同。她可以为了婚姻过笼中鸟一样的生活，但陆小曼，即便结了婚，也定然要张扬个性；她活着，为了丈夫为了儿子，但陆小曼活着的目的，不仅仅是丈夫与公婆。所以，陆小曼不讨喜，简直是不可避免的事。

徐家二老来找张幼仪，因为她是徐家的"干女儿"，他们视她为徐家不可或缺的人，在他们眼里，张幼仪才是一个好儿媳妇应该有的样子。但徐家二老的举动无形中让张幼仪处于极尴尬的位置。她知道，徐志摩一定会为这件事情发火，这不，她才刚刚把徐家二老接到北京，徐志摩的电话便打来了："一定是你写信让爸妈去找你的，是不是！"

"不是，我为什么要这么做？"

"这叫陆小曼没面子！"

的确，真正没面子。哪有新儿媳妇刚进门，公婆就离开，跑去找前儿媳妇的？徐志摩没有想到，陆小曼进门后父母会给他这样的难堪。但与徐志摩的愤懑相比，陆小曼反倒显得轻松，没了老人的监督，生活显得自有情趣。她与徐志摩种花种草，游山玩水，倒也自在。

可是，随着北伐战争开始，硖石渐渐地被卷进战争，所以，这对新婚夫妇，不得不结束他们的清静生活。1926 年 12 月，徐志摩和陆小曼为避战争，乘船到了上海。

上海来得有些仓促了，以后生活怎么过？徐志摩自有打算——教书。早有光华大学聘他任教，如果学校按时付薪，日子倒也可以过得下去。其实，回北京倒也是一条路，但他不愿去，因为北京的学校经常欠薪，而《晨报副刊》他也不愿再接手，所以现在，他决定在上海待下来。但直觉告诉徐志摩，上海并不适合自己。

· 新月书店上市

那场北伐战争，结束了徐志摩清闲的日子，而他的新月同人中，有许多也因这场战事被迫从北京南迁至上海。真是个不好的时节，梁实秋后来回忆说：

"这时节北方还在所谓'军阀'的统治之下，北平的国立八校经常的在闹索薪风潮，教员的薪俸积欠经年，在请愿、坐索、呼吁之下每个月也只能领到三几成薪水，一般人生活非常狼狈，学校情形也不正常，有些人开始逃荒，其中一部分逃到上海。徐志摩、丁西林、叶公超、闻一多、饶子离等都在这时候先后到了上海。胡适之先生也是在这时候到了上海居住。同时有一批批的留学生自海外归来。那时候留学生在海外受几年洋罪之后很少有不回来的，很少人在外国久长居留作学术研究，也很少人耽于物质享受而留连忘返。如潘光旦、刘英士、张禹九等都在这时候卜居沪滨。"

这场"逃荒"让许多人或许狼狈，但新月同人们在上海重新聚合。这多少，成了徐志摩今后黯淡生活中难得珍贵的快乐。

徐志摩不喜欢上海，他正愁这里没有合自己脾胃的事情可以做，现在，难得新月同人还能有机会这样聚在一处，不甘寂寞的徐志摩总能想出事来做。徐志摩想做事，也还有更现实的原因：到上海这段日子，他实在是有些缺钱花。别说陆小曼那大手笔的花钱态度，就是省，每月也得有二百元。所以，更是要做些事情。做什么呢？文人只会写点东西，没有其他特长，那么，办书店就是个不错的主意。

有了想法，那只剩下执行。徐志摩奔走最力，又是邀股东，又是租房子，好不忙碌。1927 年 6 月，上海环龙路环龙别墅，书店开张，名字就叫"新月书店"。余上沅任经理兼编辑部主任。这书店什么样？

蓝底白字的招牌，挂在铁棍上，棍上还有涂金新月标志。书楼两层，楼下是发行所，摆着书桌与书架；墙上挂着江小鹣的油画与朱孝臧写的招牌。楼上正房是编辑室，也挂着名人字画，还放了沙发；后面的亭子间是会计处，布置简单。新月社开张，第一天来的人挺多，据说有位叫严家迈的先生特地从江湾赶来，到了新月书店上上下下、里里外外看了一圈后，回家写了篇《新月书店参观记》登在报上，其细致程度竟连书店的方位与乘车路线都详尽道出。所以有人说，这篇《新月书店参观记》其实是书店自己人写的，权作广告宣传，而那位严家迈先生，就是梁实秋本人也说不定。

新月书店的成立，让大伙儿写的书有了自己的刊行基地。而书店第一批印行的书中，就有徐志摩的诗集《翡冷翠的一夜》和散文集《巴黎的鳞爪》。徐志摩的散文，写得也是极好，甚至比他的诗更有味道。他的文句或清新绝俗，或柔艳美丽。无论是什么样的文字，总有澎湃的情感。所以有人说，世间没有哪种情感是徐志摩表达不清的。

书店办起来了，大概七八月以后，众人又商量着办起了《新月》杂志。创刊号上，徐志摩就表明了他们的"新月态度"：要从恶浊的底里解放圣洁的泉源，要从时代的破烂里规复人生的尊严。真是宏大的抱负，巨大的使命。即便有如此责任，但众人履行起来，似乎要比常人轻松。都是会写文章的人，干的是当行本色。就算缺稿子，徐志摩组织一两次饭局，谈笑间，大家便把稿子凑齐了。

就这样，《新月》成了继《晨报副刊》后，新月同人表达自己、展现自己的又一阵地。到此，新月社终于有了成熟面孔。而所有谈论中国新诗历史的人，从此以后再也避不开"新月诗派"。

只是，这一群人一时际会聚在了一起，组织不严密，野心也不大，每个人或多或少都还有些自由主义的倾向，各有各的路数，所以矛盾不能说没有。比如，徐志摩热情高涨的时候，考虑欠周，没跟大家商量，就一厢情愿地给《新月》定了名，把社长给了胡适，使得大家不满。不满的话传了出去，胡适也一度想要退出。这是小事，严重的是，办刊的方针出了分歧。

胡适与罗隆基主张《新月》要谈政治，而徐志摩与邵洵美等人却主张"向后转"，不谈政治。

徐志摩谈论政治的时候很少很少，或许是因为当年在英国与曼殊斐儿见面时，她希望他不搞政治。曼殊斐儿于徐志摩，是女神般的存在。她的一番话，对徐志摩产生的影响力可想而知。

分歧大了，有一些人便走了，新月一度陷入危机。但徐志摩还是勉力维持着，总算撑了下来，但这一切在叶公超眼中，却并不是个好兆头："新月同人的书生本色和天真心性，以这些人写文章或研究学问会有成就，要他们办杂志开书店，是注定了要失败的。"这话不是没有道理。

新月成员间的矛盾，不用看其他，单看《新月》编辑的名字总不同便可见端倪。先是徐志摩、闻一多、饶孟侃一起编了几期，后来换了梁实秋、潘光旦、叶公超、饶孟侃、徐志摩一起。但就算《新月》曾因罗隆基等人的政治言论而屡陷麻烦，就算徐志摩、邵洵美也总是要为成员们惹出的麻烦善后，《新月》成员间还是和睦的。办刊方针不一，并不影响他们之间的情谊。也许，正是他们共同的西方教育背景，让他们形成了民主的绅士风格，或许也仅仅是他们每个人的性情使然，亦或许，是那个时代的风致与气度。

• 生活的酸苦，冲淡了情浓

离国民政府首都南京咫尺之遥的上海，十里洋场一片灯红酒绿。上海是陆小曼长大的地方，她在这里最热衷的事情之一，便是唱戏捧角。捧角，她捧红了袁美云、袁寒云；唱戏，她把自己唱成了不输专业演员的最佳票友。多少人为了请她登台，亲自登门邀她演出，又有多少人以一睹台上的陆小曼为荣。这就是一代名媛的名声与魅力。

陆小曼到了哪里，都是陆小曼。一代名媛到了哪里，生活都是一样过。在福煦路四明新村高级住宅区里，陆小曼租了一幢每月银圆一百的洋楼，楼里有男仆、丫头，衣着入时不输主人家，这是名媛的排场。除了这些，名媛的排场，也是买东西不问价格，不问家中是否需要，只要高兴；名媛的排场，还是一月最少银圆五百（合人民币两万元）的开销。这位名媛，排场太大，所以排到最后，不过是一场无度的挥霍。

若只是挥霍，倒也没什么可以怨的。陆小曼本来就是这样的女人，从小到大一直都是。她受的教育与成长的环境，决定了她生来就是被捧在手里养着，养不养得起，那要看徐志摩自己的本事。但问题在于，陆小曼不只挥霍了钱，也挥霍了她与徐志摩的日子。

何竞武的女儿何灵琰是徐志摩与陆小曼的干女儿。四十多年后，何女士回忆起住在上海福煦路四明新村的陆小曼时说："干娘房间里总是阴沉沉地垂着深色的窗帘，连楼上的客堂间和小吸烟间也是如此。她是以夜为昼的人。不到下午五六点钟不起，不到天亮不睡，每天到上灯以后才觉得房子里有了生气。"看得出来，那时的陆小曼，染上了鸦片瘾。其实陆小曼自己也知道，吃鸦片烟不是好事，但她本是多病的人，当年在北京简直就把医院当家那样住。而自从那个叫翁瑞午的男人劝她吸了几口鸦片烟之后，她竟觉得百病全消。

那翁瑞午，也是个英俊潇洒的人，而且同样出身不凡。他是翁同龢的侄孙，父亲翁绶琪，是前清光绪年间举人，金石书画造诣深厚，家中收藏甚富。翁瑞午小时在父亲影响下，也研习书画。后来拜了名医丁凤山为师，学了一手精妙推拿，挂牌行医，医名甚佳。翁瑞午能认识陆小曼，也正是因为那一手推拿。

陆小曼初到上海时旧病复发，虽遍寻名医，但治疗效果并不好。于是便有朋友介绍翁瑞午来为陆小曼推拿。经翁瑞午推拿诊治的陆小曼，觉得精神大好，徐志摩因此对翁瑞午感激不尽，而翁瑞午也因此成为徐志摩夫妻二人的常客，与他们成了朋友。

陆小曼与翁瑞午，都爱戏剧，都喜绘画。共同的爱好从来都是人与人情感的黏合剂，而陆小曼时时发作的病情，也需这个英俊漂亮的年轻人推拿纾解。尽管翁瑞午的推拿手艺好，但终归治不了本。且陆小曼也实在经不起那病时时复发的折腾。于是，她听了翁瑞午的劝，开始吸鸦片烟。哪有不上瘾的道理。从此，陆小曼的生活里多了烟榻、烟枪和烟灯。她一天也离不开这阿芙蓉带给她的慰藉。而隔着烟灯，在烟榻的另一头，翁瑞午一起斜斜躺在那里。

陆小曼似乎越来越离不开翁瑞午的陪伴，翁瑞午也越来越频繁地出现在徐志摩家中，频繁到他在陆小曼身边的时间，比徐志摩更多。于是，坊间便有了茶余饭后聊天的话题。徐志摩自然看在眼里，听在耳里。但他倒是豁达，他说："男女的情爱，既有分别，丈夫绝对不许禁止妻子交朋友，何况芙蓉软榻，看似接近，只能谈情。"

这是开解别人，还是在安慰自己？或许只有徐志摩自己知道。

生活就像戏，每个人都是被命运钦点的观众。所以，无论徐志摩再怎样豁达，他都必须面对陆小曼与翁瑞午带给他的纷乱。

那是一场名叫《玉堂春》的戏，在夏令配克电影院演出。戏台上没有角儿，都是票友。一个是陆小曼，演苏三；一个是徐志摩，演红袍；演王金龙的不是别人，正是翁瑞午。这场戏，本身是极好极轰动，因为演戏的人极具专业水准。但这不是这场戏最让人关注的地方，它轰动的效应，是它引得一家无聊小报，添油加醋地写了一篇下流文章，影射了陆小曼与翁瑞午间的风流八卦，攻讦了徐志摩的品格。

于是，陆小曼与翁瑞午的话题，从台面下，被摆到了台面上。徐志摩终于意识到，他活在世俗里：

"我想在冬至节独自到一个偏僻的教堂里去听几折圣诞的和歌，但我却穿上了臃肿的袍服上舞台去串演不自在的'腐'戏。我想在霜浓月淡的冬夜独自写几行从性灵暖处来的诗句，但我却跟着人们到涂蜡的跳舞厅去艳羡仕女们发金光的鞋袜。"

他与陆小曼浪漫热烈的爱，最终还是成了泥泞。这才是日子。这与他原先的期望太不相同。原本以为，陆小曼会是他这辈子的成绩与归宿，原本以为，陆小曼会像原来一样看他写的文章，鞭策他，带给他灵感。但现在，他的妻子整日笼在鸦片的烟雾中，渐渐模糊看不清身影。

哪能不心疼？徐志摩知道，鸦片根本解救不了陆小曼，他不是没有设法振奋陆小曼的志气。他总是劝她，少抽烟、少打牌；他甚至为了不使陆小曼埋没天分，而让她给自己即将出版的书写序。但陆小曼提着笔不到一会儿就像个孩子似的喊累，一个字都没有写出来。几番下来，徐志摩也只得干笑着作罢。1928 年 12 月 28 日，徐志摩送给陆小曼一本《曼殊斐儿日记》做新年礼物。他希望这位高雅丽质的女性，能给陆小曼激励，但陆小曼让徐志摩失望了。她没有如徐志摩殷切期望的那样振作，她甚至觉得徐志摩在婚后变得不如先前那般浪漫，对她管头管脚，不让她打牌，不让她抽鸦片烟，真是拘束极了。

最终，徐志摩累了，他对陆小曼的爱，似乎再也不如原先那样饱满。所以，他的日记里出现了这样的句子："最容易化最难化的是一样东西——女人的心；过去的日子只当得一堆灰，烧透的灰，字迹都不见一个。"有人说，徐志摩是因爱而生的。爱是他灵魂的全部滋养与灵感的全部动力。看来的确如此。现在，他与陆小曼的感情出现了问题，于是，他倦了。

"这几天，就没全醒过，总是睡昏昏的……脑筋里几乎完全没有活动，该做的事不做，也不放心上，不着急……想作诗，别说诗句，诗意都还没有影儿，……昨晚写信只觉得一种拿腔拿调在我的筋骨里，使得我说话上只选抵抗力最小的道走。字是不经挑择的，句是没有法则，更说不上章法……"

对生活多大的失望才能如此? 这段日子的文字，字字透着从心底生出的幻灭。但如果仅把对陆小曼的失望，视为徐志摩倦怠的原因，那未免肤浅：

"志摩的单纯的信仰，换个说法，即是'浪漫的爱'。浪漫的爱，有一个显著的特点，就是这爱永远处于可望而不可即的地步，永远存在于追求的状态中，永远被视为一种极圣洁极高贵极虚无缥缈的东西。一旦接触实际，真个的与这样一个心爱的美貌女子自由的结合，幻想立刻破灭。原来的爱变成了恨，原来的自由变成了束缚，于是从头来再开始追求心中的'爱，自由和美'。这样周而复始的两次三番的演下去，以至于死。……"

这是梁实秋对徐志摩的评价，毕竟是朋友，还是他看得透彻。诚然如他所言，徐志摩从与陆小曼在一起的那一刻开始，他的"爱"便从此失去了吸引力，他的灵感失去了新鲜的动力；于是，他从理想的云端上，看到了浪漫的灰烬。

• 再别康桥

日子还是消沉，按着徐志摩一贯的心性，家事不顺心，浪漫成了灰，他哪里有其他心思想事情。也许新月的工作可以让他的情绪稍稍平复，但时局的混乱却只让他更加烦闷。本来北伐战事就令徐志摩怨念丛生，眼下又发生了"济南惨案"，徐志摩终于第一次为国事难受。

"这几天我生平第一次为国事难受……这回却既不是纯粹感情问

题，也不是理性所解剖的现象，一方面日本人当然是可恶，他们的动作，他们的态度，简直没有把我们当作'人'看待，且不说国家与主权，以及此外的一切体面的字样，这还不是'欺人太甚'？有血性的谁能忍耐？……"

徐志摩手上有自己的刊物，也有自己的书店，但这样的时事评论，不是写在报纸上，他只把它们记在日记里。他有政治的激情，却少了参与的热情。徐志摩无论自己多想诗化他的生活，无论多么不想谈论政治，但他终究不过是时代的蝼蚁。

在那样一个思想激荡的年代里，鲁迅选择了战斗；胡适选择了自己的栖身之地；而徐志摩，他只关注自己的内心。对政治，他没有自己的坚定理念，所以一旦时事起了波折，别人有价值观可以依凭，或战斗，或协调，而他终无依附，情感矛盾亦可想而知。但徐志摩对自己的这种状态不是没有反思，他也曾有过自剖：

"爱和平是我的生性。在怨毒、猜忌、残杀的空气中，我的神经每每感受一种不可名状的压迫。记得前年奉直战争时我过的那日子简直是一团黑漆，每晚更深时，独自抱着脑壳伏在书桌上受罪，仿佛整个时代的沉闷盖在我的头顶。

"我当初也并不是没有我的信念与理想。有我崇拜的德性，有我信仰的原则。有我爱护的事物，也有我痛疾的事物。……我恨的是这时代的病象，什么都是病象：猜忌、诡诈、小巧、倾轧、挑拨、残杀、互杀、自杀、忧愁、作伪、肮脏。我不是医生，不会治病；我就有一双手，趁它们活灵的时候，我想，或许可以替这时代打开几扇窗，多少让空气流通些，浊的毒性的出去，清醒的洁净的进来。"

这样平和的性情，在那时是不是有些不合时宜？当时他在《新月》创刊号上提出"尊严与健康"就曾遭到鲁迅等人的斥责。这样的时代，尊严是谁的尊严，而健康又是谁的健康？这一切，让他对自己一向信奉的西方理念产生了严重的怀疑，他的精神产生了一次空前的危机。于是，他在家事与国事的纠缠中，苦闷彷徨得无以复加，这个总是感情用事的冲动青年，再一次在情感的迷茫中，失落了希望。

徐志摩的境况，胡适看在眼里也替他心疼。所以，在一次会餐后，胡适对徐志摩说："到外头走走吧，呼吸点新空气，得点新材料，也许他的生活能真的换个方向。"朋友的建议也正符合他自己的想法。去走走吧，或许回来以后，一切会不一样。

另外要说的是，徐志摩此次出国还准备带些玉器古董去卖，一来补充旅费，二来贴补些家用。看来，徐志摩的生活确实陷入了窘境。这个从小长在殷实家境中的少爷，如今也真是苦了他。

1928年6月，徐志摩带着古董登上了加拿大轮船"皇后"号。先到东京见了在日本度假的陈西滢夫妇；7月5日，到了纽约，见了老朋友恩厚之；8月4日，他到了英国，回到剑桥。

轻轻的我走了，

正如我轻轻的来；

我轻轻的招手，

作别西天的云彩。

那河畔的金柳，

是夕阳中的新娘；

波光里的艳影，

在我的心头荡漾。

软泥上的青荇，

油油的在水底招摇；

在康河的柔波里，

我甘心做一条水草！

那榆阴下的一潭，

不是清泉，是天上虹；

揉碎在浮藻间，

沉淀着彩虹似的梦。

寻梦？撑一支长篙，

向青草更青处漫溯，

满载一船星辉，

在星辉斑斓里放歌。

但我不能放歌，

悄悄是别离的笙箫；

夏虫也为我沉默，

沉默是今晚的康桥！

悄悄的我走了，

正如我悄悄的来；

我挥一挥衣袖，

不带走一片云彩。

这是他最有名的诗——再别康桥。

一首优美的抒情诗，投射了徐志摩这些年的情怀起落。十年前，潇潇洒洒地来，那时少年壮志；六年前，在这里写下"盼望我含笑归来"，而如今真的归来，却只带着生活的泥水与悲哀的心碎。

这里风光依旧，康河的水，依旧柔波荡漾；河底的水草，仿佛从未改变过它的模样。河上升起的轻雾，将远山渲染成写意的水墨，那些黄绿相错的浓淡，便轻轻晕开了轻柔的妙意。空灵的晚风将夕阳揉碎在行人悠闲的步间，点滴的光影便跳荡着向前。徐志摩静静地坐在康河岸边柔软的草甸上，寂寂的眼神凝对着岸上招摇的垂柳。它曼妙的枝条，正轻抚康河静静的水流。他的眼，随着河水的鳞光穿过三环洞桥，皱起细腻的波纹。

一切都一样，一切都已经改变。只因物是，人非。他不再是当年的他，青春难再，壮志未酬。当年一别，追着希望而去，如今再别，却是挥别了希望与豪情。

康桥留给徐志摩太多故事，青草更青处，也许还埋着当年的青涩浪漫和那段未完成的初恋；星辉斑斓里，仿佛仍在闪着当年的豪情与耀眼的心灵革命。不忍看，不愿想，它们就像一面镜子，照出了十年后徐志摩残缺的爱与梦想。而那云上的梦想落入凡尘，便只剩泥土。所以，悄悄来，悄悄走，连那夜虫都为他沉默。挥一挥衣袖，不带走一片云彩，只怕惊醒那场仿佛几世纪前的美梦。

9月20日，徐志摩离开了欧洲，前往印度。10月见了泰戈尔。总算，在这位可敬长者的有生之年，徐志摩兑现了自己的承诺，亲自到印度来看看他。在印度待了三个星期，11月回到上海。

回到上海，一切都没有改变。在出国的四个月间，徐志摩并没有放下病弱的妻子。一如三年前他为了她走天涯一般，徐志摩几乎每到一站，都写信给陆小曼汇报行程，告诉她沿途的风物；与三年前一样，他依然要在信里劝慰妻子振作。唯与三年前不同的是，那缺少了年少的激情，已成了苦口婆心：

"上海的生活想想真是糟。陷在里面时愈陷愈深；自己也觉不到这最危险，但你一跳出时，就知道生活是不应得这样的。"

"我越想越觉得我俩有赶快 wake up（振作）的必要。上海这种生活实在是要不得。……曼，你果然爱我，你得想想我的一生，想想我俩共同的幸福；先求养好身体，再来做积极的事。……一无事做是危险的，饱食暖衣无所用心，绝不是好事。你这几个月身体如能见好，至少得赶紧认真学画和读些正书。要来就得认真，不能自哄自，我切实希望你能听摩的话。"

只可惜，他的眉一句也没有听进去他殷切的希望。上海还是上海，陆小曼依然流连烟榻，花钱依然大方。徐志摩远行期间，徐申如曾有一次特地坐着火车到上海去见陆小曼。他对陆小曼劝道："你一个人，也不用住这样大的房子，倒不如搬到乡下来跟我们一起住，留一个用人看房子吧。"看得出来，徐申如那时，怀着最后一丝善意想要改善他与陆小曼的关系，但是，陆小曼没有应。从此以后，徐申如再也没有跟陆小曼说过话。他也许一生都没有原谅这个害了他儿子的女人，以致最后徐母病逝，他宁愿与儿子撕破脸，都没有允许陆小曼戴孝。

徐志摩回来以后，除了光华大学的教书职位外，南京中央大学邀他兼课，中华书局也请他编选文学丛书。几样工作加起来，月收入翻了几番，得有一千元以上吧。这在当时可不是小数目，但是，到了陆小曼花起来的时候，还是少。徐志摩无奈，只能借债了。

这段日子，是徐志摩生命中最平庸的时刻，用他自己的话说，是"疲塌不振"。这境遇真是惨淡透了。现在想来，梁启超在他婚礼上的那番陈词，真是一语成谶。徐志摩给自己的婚姻，给自己的生活，设想了一个虚无的境界。他骗了自己，最终他必须忍受幻灭的莫大痛苦：

阴沉，黑暗，毒蛇似的蜿蜒，

生活逼成了一条甬道：

一度陷入，你只可向前，

手扪索着冷壁的黏潮，

在妖魔的脏腑内挣扎，

头顶不见一线的天光

这魂魄，在恐怖的压迫下，

除了消灭更有什么愿望？

生活是一条通道，没有温情，只有丑陋与黑暗。徐志摩曾经对生活抱有多么热烈的希望，那现在，他对生活的绝望就有多么强烈。生活于他，已然成了"毫无意义"的代名词。"除了消灭更有什么愿望？"真是哀莫大于心死，他几乎要主动放弃生活了。但幸好，他还有朋友。朋友就是这样，就算他们暂时无法将你从生活的泥潭中拉出来，但至少，他们不会让你继续往下沉陷。

· 不如归去

1930年1月，胡适在北大任教务长。作为徐志摩的老朋友，他实在不忍心看着徐志摩毁掉，于是便劝他离开上海到北京来。局外人看事总是比当事人清楚些，他警告徐志摩，陆小曼年轻，需要受点折磨。说不定徐志摩离开了，她会反省反省自己。否则，再这样混下去，他们会闹出怎样的笑话都不知道。

徐志摩原本是想在上海继续待下去，否则他不会在这时还打起精神来创办新刊物《诗刊》；光华大学的职位他也不想放弃。但后来，光华闹学潮，当局出面干涉，形势极为不利，他无法再待下去。而且，上海的生活也真的不能再受了。北方有他的朋友，新月同人现在大多去了北方。所以，他终是下定决心北上。

1931年2月24日，徐志摩到了北京。

工作不成问题，北京大学给他安排了职位，月薪三百元，女子大学也有八小时课上，月薪二百八十元。住处也不是问题，就住胡适家。胡适住在米粮库胡同四号，那是一所洋楼。徐志摩叫那里百松园——那里有一长方形院落，竟是一片松林。徐志摩住在胡适家二楼的一间，这是他向胡适讨来的。很大一间房，向阳，还有暖炉，书香可爱。

3月2日，徐志摩开始正式上课。教书，备课，闲时到北海去散散步，也和胡适他们聚在一处，吃饭看戏。然后，便是给陆小曼写信。陆小曼的生活还是老样子，在眼前时都劝不住，现在离了这样远的距离还能如何？最心烦的，还是陆小曼平日的花销实在太大。

"钱的问题，我是焦急得睡不着。现在第一盼望节前发薪，但即节前有,寄到上海,定在节后。而二百六十元转眼即到,家用开出支票,连两个月房钱亦在三百元以上,节还不算。我不知如何弥补得来?借钱又无处开口。我这里也有些书钱、车钱、赏钱,少不了一百元。真的踌躇极了。本想有外快来帮助,不幸目前无一事成功,一切飘在云中,如何是好?钱是真可恶,来时不易,去时太易。我自阳历三月起,自用不算,路费等等不算,单就附银行及你的家用,已有二千零五十元。节上如再寄四百五十元,正合二千五百元……我想想,我们夫妻俩真是醒起才是!若再因循,真不是道理。再说我原许你家用及特用每月以五百元为度。我本意教书而外,另有翻译方面二百可恃,两样合起,平均相近六百,总还易于维持。……我奔波往返,如同风裹篷帆。身不定,心亦不定。莎士比亚如何译得?结果仅有学校方面五百多,而第一个月又被扣了一半。眉眉亲爱的,你想我在这情形下,张罗得苦不苦?同时你那里又似乎连五百都不够用似的,那叫我怎么办?”

曾有一次,胡适在徐志摩面前说:“男人应尽力赚出钱来为女人打扮。”徐志摩觉得这是“太革命”的话。然而现在,他正实践着胡适的“革命”。他想尽一切方法为稻粱谋,为陆小曼的生活开销想办法。这个原本出身富裕,在文坛上大名鼎鼎的人物,为了让妻子省一些,就是这样掰着指头数给自己的妻子听,自己的日子现在过得有多么窘迫。这个体面的人,最困窘的时候,大夏天竟然只有一件白褂可穿,因为没有钱做新衣。没钱,学校又经常欠薪,所以只能借,问朋友借，向熟人借，找高利贷借，好不辛苦。

徐志摩给陆小曼写了很多信，尽管他对上海的日子避之唯恐不及，但他对陆小曼还是断不了牵挂。他的每一封信里都是思念，每一分思念背后都是他对陆小曼耐心的劝导以及对生活窘境的无奈。抱怨免不了，因为生活艰辛妻子又不解人意，但他很爱陆小曼，很爱。他娶了她，养着她，想尽了一切办法为她；他爱陆小曼很深。如果不深，那么他只要养活了她就可以，但他不仅要养活她，更要养好她。他希望世人能看到她是个优秀的女人，希望自己的妻子能有属于自己的光环。但是，上海真的不能再待了。他劝小曼到北京去，苦苦地，近乎哀求：

"因为我是我，不是洋场人物。于我固然有损，于你亦无是处。幸而还有几个朋友肯关切你我的健康和荣誉，为你我另开生路，固然事实上似乎有不少不便，但只要你这次能信从你爱摩的话，就算是你牺牲，为我牺牲。就算你和一个地方要好，我想也不至于要好得连一天都分离不开。况且北京实在是好地方。你实在是过于执一不化，就算你这一次迁就，到北方来游玩一趟：不合意时尽可回去。难道这点面子都没有了吗？"

但无论如何，这个时候的陆小曼不理解徐志摩的苦心。她给徐志摩的回应，直截了当，几近残忍：

"我是自幼不会理家的，家里也一向没有干净过，可是倒也不见得怎样住不惯。像我这样的太太要能同胡太太那样料理老爷恐怕有些难吧，天下实在很难有完美的事呢。……北京人多朋友多玩处多，当然爱住，上海房子小又乱地方又下流，人又不可取，还有何可留恋呢！来去请便吧，浊地本留不得雅士，夫复何言！"

　　也许，陆小曼真的无法理解徐志摩的想法。她是交际名媛。这四个字意味着，陆小曼过惯了声色场的风光生活。名媛的日子离不开交际圈，那是她生活的一部分。"上海房子又乱地方又下流，人又不可取"，这是在赌气吧？也许还有些自怨自艾。被丈夫这样说，即便自己吃鸦片烟真的只是为了让身体舒服一些，但依着陆小曼的脾气，破罐子破摔的话也就这样说了出来。

　　其实，陆小曼未必真的不想去北京与徐志摩在一起，毕竟，她的交际盛名是在那里传开的；而且与丈夫在一处，也免去了两地相思的苦不是？但她就是不去，为什么？或许还因为林徽因在那里。这是陆小曼最无法释怀的地方。

· 古城没追到的梦

　　如果这个世界上只有一个女人是陆小曼无法面对的，那也只能是林徽因。因为她是徐志摩第一个爱上的女人，是徐志摩没有实现的理想。这个女人即便跟了别人，徐志摩也无法对她忘情。那还是1925 年，徐志摩收到林徽因的电报，说极想听到他的消息，哪怕只有一句也行。这件事，被徐志摩写到了诗里：

啊，果然有今天，就不算如愿，

她这"我求你"也就够可怜！

"我求你"，她信上说，"我的朋友，

给我一个快电，单说你平安，

多少也叫我心宽。"叫她心宽！

扯来她忘不了的还是我——我，

虽则她的傲气从不肯认服；

害得我多苦，这几年叫痛苦

带住了我，像磨面似的尽磨！

还不快发电去，傻子，说太显——

或许不便，但也不妨占一点

颜色，叫她明白我不曾改变，

咳何止，这炉火更旺似从前！

我已经靠在发电处的窗前；

可这件事情的结果，伤透了徐志摩的心，原来，林徽因竟然不只给他一个人发电报，不只跟徐志摩一人这样说，所以，徐志摩——

震震的手写来震震的情电，

递给收电的那位先生，问这

该多少钱，但他看了看电文，

又看我一眼，迟疑的说："先生，

您没重打吧？方才半点钟前，

有一位年轻先生也来发电，

那地址，那人名，全跟这一样，

还有那电文，我记得对，我想，

也是这……先生，你明白，反正

意思相像，就这签名不一样！"——

"呃！是吗？噢，可不是，我真是昏！

发了又重发；拿回吧！劳驾，先生。"——

　　林徽因仅用了一封电报几行字，就挑动了徐志摩的心神，要知道，那时候徐志摩与陆小曼已经进入谈婚论嫁的时候了。徐志摩的那帮朋友中，有谁不喜欢她呢？她是林下美人，风姿出众；她才华出众，是当时的四大才女之一。就是这样的林徽因，让陆小曼放心不下。可偏偏，徐志摩才刚到北京没多久，就与林徽因见了好几面。那时林徽因得了肺病，徐志摩也总以探病的名义见她去，但谁能说，正在生活中挣扎的徐志摩，见了林徽因——最初的梦想载体，心中潜伏的情愫没有一点点复苏呢？

　　其实，早在 1 月间，徐志摩到北京看望重病的梁启超时，便去看望了因病留在北京休养的林徽因。他当时给陆小曼去了封信，说林徽因病了。陆小曼太了解徐志摩，她深信见了病中的林徽因，自己的丈夫一定是床前床后地照顾着。但那次，陆小曼的确多虑了一些，当时徐志摩并没有见林徽因几次，况且本身也不会照顾病人。

病中的林徽因多愁善感；而徐志摩正被上海的家弄得身心疲惫。现在，他们在旧时的城市相遇，又能一起吟诗作赋，参加社交活动，似乎一切又回到那年泰戈尔来华，甚至回到了那年的康桥那个烟雨朦胧的季节，他们一起读着济慈的《夜莺颂》。他似乎又听到那个扎着两条小辫、笑容清澈的女子，笑着对他说："我看到一句诗：I feel the flowers growing on me（我觉得鲜花一朵朵地开在我身上）。这个意境多美。"

陈年的感情，是陈年的酒，坛子一开，便有化不开的浓香。徐志摩把自己的心浸在这阵香里。据说，那时的林徽因居住的北总布胡同三号，俨然成了徐志摩的第二个家。林徽因与梁思成待他如上宾，而徐志摩也经常在这里过夜。

陆小曼了解徐志摩。她知道，林徽因是徐志摩心里永远的理想化身。都说徐志摩在陆小曼那里最终实现了爱与美的理想，但这理想的源头，正来自林徽因不是吗？比起已经实现的理想，那个没有追到的梦境，一定永远美丽着。所以，与徐志摩结婚后的陆小曼才会对徐志摩说："别的女人我不管，但唯有林徽因你不能见。"但是，她的丈夫仅去了北京不过几天，就见了林徽因好久次，而当时外头关于徐林二人的浮言也更是让她不得不往最坏的方面想。

也许不想与情敌见面，是骄傲女人的共性。她们的倔强与坏脾气，不过是因为太爱你；可那份骄傲又不允许她们失了矜持与身段，所以她只能跟自己别扭，假装一切都不在乎。

别扭归别扭，对徐志摩陆小曼毕竟有爱。她听了徐志摩的劝，拜了贺天健学画，进步也真大。当徐志摩拿着她的画带到北京给胡适他们欣赏时，这些眼光挑剔的文人都觉得陆小曼的画好，假以时日必成大器。陆小曼也真的关心徐志摩，只是像她自己说的，从小被娇惯大了，连家事都不会做，再说，她本就不是小媳妇，你又如何能指望她体贴入微呢？所以，她的关心便只从情感的最直接处产生，比如，她觉得坐飞机危险，于是便劝徐志摩，回来万万别坐飞机了吧，还是坐火车好。

徐志摩是个浪漫的男人，感情太重，所以他经不起离别的苦，经常坐着飞机在北京上海间往来。陆小曼说，你别坐飞机，坐火车吧，省省钱也好，不会因为坐火车丢了面子。其实陆小曼哪里知道，徐志摩正是为了省钱才坐飞机。他实在是穷得买不起火车票，而他在民航公司有朋友，经常送他免费机票，这才每次都坐飞机回。

七．你若离去，后会无期

• 曾经的执着

所有人都在怀念徐志摩。张幼仪的怀念最实际，她操持了徐志摩身后所有的事务，替他照顾年迈的父亲。陆小曼的怀念，最是情理之中。她在徐志摩死后，终身素服，从此绝迹交际场。而林徽因的怀念最特别。那天梁思成去济南处理徐志摩善后，他从飞机失事现场带回一块飞机残片。这块残片，被林徽因挂在床头，一直到她也离开这个世界，才被摘下。

怀念，于林徽因而言有着不同的意味。因为《康桥日记》的遗失，她与徐志摩之间的记忆，便专属于她。所以，那段旧日的旖旎情怀，从往事变成了故事，又从故事变成了传说。

有人猜，林徽因是爱着徐志摩的，只是她太理性、太聪明。

很多民国才女，或爱得热烈，或爱得纯朴。她们的爱情执着而决绝，如张爱玲，如蒋碧微，如萧红。这些才女们并不是不聪明，她们身上绝不乏智慧。她们的才艺与领悟力，民国以后再难寻找。

可她们在爱情中，却总是笨拙地伤到自己。或许，正因为她们对爱的顽强执着，太过锋利，生生割断她们情感中那根聪慧的弦，所以伤了。但林徽因的感情，却是民国才女中少有的例外。她是真的聪明，流水一样灵活而柔软地避开了执着的锋刃，在风花雪月的迷阵中，全身而退。

所以，林徽因走了，离开了那个过分浪漫的徐志摩，离开了这个已有家室的男人。她的家世与她天性中的高傲，都令她无法背叛自己家庭的声望。她的心性与智慧，帮她实现了情感与理智的平衡，帮她圆满了自己的幸福——她将未来许给了梁思成，另一个家世显赫、年轻有为的男人。

也有很多人猜，林徽因并不爱徐志摩。或许这就是真相，就连林徽因自己也说，像她这样一个在旧伦理教育熏陶下长大的姑娘，根本无法想象与一个大自己八九岁的男人谈恋爱。她又说，她知道徐志摩在追求自己，但她只是敬佩、尊重这位诗人，当然也尊重他给她的爱情；她还说，徐志摩所追求的，不过是被他理想化与诗化的林徽因，而不是真正的林徽因；她甚至说，徐志摩虽然浪漫，但俗气。一段在世人看来曼妙而伤感的爱情，被当事人用理性的话，做了最不浪漫的总结。

但不爱，或许只是对外人言的话。也许康桥时期的懵懂少女对诗人突如其来的热烈感情攻势无法做出更多的回应，但此后，徐志摩一次次的温情的示意，她不会不懂。

那年，已然是林徽因与梁思成互订终身以后了。记得是1923年春天。就在这一年，徐志摩仍然为林徽因写了《涡堤孩》译本的《引子》：

"我一年前看了Undine（涡堤孩）那段故事以后，非但很感动，并觉其结构文笔并极精妙，当时就想可惜我和母亲不在一起，否则若然我随看随讲，她一定很乐意听。此次偶尔兴动，一口气将它翻了出来，如此母亲虽在万里外不能当面听我讲，也可以看我的译文。译笔很是粗忽，老实说我自己付印前一遍都不曾复看，其中错讹的字句，一定不少，这是我要道歉的一点。其次因为我原意是给母亲看的，所以动笔的时候，就以她看得懂与否做标准，结果南腔北调杂格得很，但是她看我知道恰好，如其这故事能有幸传出我家庭以外，我不得不为译笔之芜杂道歉。"

这段话里，没有"林徽因"，只有"母亲"。但这每一个"母亲"都可换成"林徽因"。这便是徐志摩迷恋林徽因的方式。有些话，不能写却不得不写。那样的感情含在句子里，明知你读到未必能懂，但还是奢望你可以看穿文字的隐藏读懂对你的迷恋。这段文字，后人在考证时都看得明白，如何去相信当年冰雪聪明的林徽因看不透？但林徽因还是走了，与梁思成一起去了美国。徐志摩也不得不暂时放下与她的纠葛。是的，只是暂时，因为后来，徐志摩因生活困境回北平时，二人的情感再度萌发。只是那一次，徐志摩与林徽因一样，选择了后退。

但是，徐志摩的死，让林徽因的情感闸门终于打开。最终她不得不承认，徐志摩献给她的感情，是她最珍贵的纪念：

"别丢掉

这一把过往的热情，

现在流水似的，

轻轻

在幽冷的山泉底，

在黑夜在松林

叹息似的渺茫，

你仍要保存那真！

一样的月明，

一样是隔山灯火，

满天的星，

只是人不见，

梦似的挂起，

你问黑夜要回

那一句话——你仍得相信

山谷中留着

有那回音！"

　　只是，林徽因永远是那个林徽因。你永远听不清她心曲的真正音节。

· **悄悄地我走了，不带走一片云彩**

　　"请你告诉志摩我这三年来寂寞受够了，失望也遇多了，现在倒能在寂寞和失望中得着自慰和满足。告诉他我绝对的不怪他，只有盼他原谅我从前的种种不了解。但是路远隔膜误会是所不免的，他也该原谅我。我昨天把他的旧信一一翻阅了。旧的志摩我现在真真透澈的明白了，但是过去，现在不必重提了，我只求永远纪念着。"

　　林徽因给胡适写这封信的时候是 1927 年。彼时，她与梁思成到美国不过三年而已。梁思成太稳固，所以沉稳有了却总失了风情。梁思成自己也承认，做林徽因的丈夫不容易。他的妻子思想活跃得让他总有些跟不上。所以两人初到美国时，时时总有争吵，这磨合期过得如在刀山剑树上一般。所以，林徽因寂寞了。寂寞的女人从来只做两件事——寻安慰与怀念。

　　安慰，林徽因早两年便寻了，就是那封让徐志摩写下《拿回吧！劳驾，先生》的电报。也不能怪她给许多人发一样的电报。心空了，最好的补剂是情感的安慰。她只是出于本能，毫无遮掩地向爱她的朋友们渴求一点慰藉。

现在，她还剩怀念。怀念那些令她充实的人，怀念那些曾填满她内心空洞的事。所以，徐志摩曾带给她的心悸便在这个时候慢慢渗入她的骨髓。她把他的旧信一一翻阅。从寂寞的眼望去，在梁思成那稍显沉闷的情绪底色中，徐志摩热烈而浪漫的情感，才真真正正透彻起来。

但还能如何。徐志摩已经结婚了，他的柔情从此只给一个人；而林徽因永远是林徽因，她必须是完美的女性，必须用一切来维系她的尊贵与名声。所以，过去的现在不必重提，她只纪念，永远。

林徽因在梁思成宽容的爱里任性地跳着，顽皮得像个孩子。但这样宽容的丈夫从未被写进她的诗里。她活在徐志摩的诗里，最终，她也只让徐志摩走进她的诗：

> 这一定又是你的手指，
>
> 轻弹着，
>
> 在这深夜，稠密的悲思。
>
> 我不禁颊边泛上了红，
>
> 静听着，
>
> 这深夜里弦子的生动。
>
> 一声听从我心底穿过，

忐凄凉

我懂得，但我怎能应和？

生命早描定她的式样，

太薄弱

是人们的美丽的想象。

除非在梦里有这么一天，

你和我

同来攀动那根希望的弦。

《深夜里听到乐声》，林徽因 1931 年 9 月写下的诗。那正是她在北平养病，徐志摩来探望。命运捉弄人，再美的过往也敌不过现实的一瞬，所以，她懂，却不能应和，她只会在梦中攀动希望的弦。他的相思，你的惆怅，虽然表达的方式特殊，但仍是这样直直铺在纸上，你只是至情至性地表达自己的情愫，把那个爱过你的男人写进诗里。

· 一首未完的诗

1934 年，徐志摩去世三年。

火车路过硖石，正是黄昏。火车长叹一声，停住脚步。林徽因趴在窗口,看着远山黑色的轮廓与星点的灯火。她与丈夫梁思成一起,在浙南武义宣平镇考察完建筑,正前往上海。硖石,就这样跳进她的旅途,就像这里的一个朋友,总在别人想不到的时候莅至,带来笑声与勇气,而他在她的生命中出现,谁又能说不是偶然?

我是天空里的一片云,

偶尔投影在你的波心——

你不必讶异,

更无须欢喜——

在转瞬间消灭了踪影。

你我相逢在黑夜的海上,

你有你的,我有我的,方向;

你记得也好,

最好你忘掉,

在这交会时互放的光亮!

都说徐志摩的这首诗是为她而写,都说是她成就了徐志摩生命里最美丽的初恋,但谁又能说,那次生命的偶然相交,没有成全现在的林徽因。他教会她爱情的第一种滋味,也教会她诗的浪漫与美丽。但是为什么,徐志摩为了她漂洋过海追过来,用情至深感天动地,她都没有选择他? 是因为徐志摩是诗,太浪漫,不适合过日子;是因为梁思成是"建筑",踏实稳重,他才是生活的良伴。林徽因一向理智，她懂得哪一种选择对女人而言更好。所以，尽管她日后与梁思成的生活少了多彩的颜色，但终归安稳。而选择了徐志摩的陆小曼，多了热烈，也惹了愁端。

林徽因静静地望着窗外，火车已经开动，带她离开这座偶然的小城。松林在黑夜里叹息，往事沉在暗夜里，模糊不可辨。风凛冽地撞开她的心，仿佛要吹尽心头的热情。身边的丈夫只是静静地陪着她，为她披上一件外衣。

林徽因知道，徐志摩离开得太早。世人惋惜，但对他自己而言又何尝不是一种解脱。徐志摩的生命，唯其短暂，所以可观。他在那短短的一生里，便经历了其他人用长长一辈子都未必能尝遍的，所有爱恨嗔痴。他太不一样，与时代格格不入。无论后人对这个时代有怎样的评价，颓废的也好，赳赳霸气也罢，那似乎都不像是徐志摩的年代。他浪漫但不颓废，他有志气但不霸气，写的文章讽刺、夸赞得都很到位，但都透着绅士气，平静而温和。

伤逝，这样的人过早离开人世，于世人而言究竟是幸或不幸？但无论如何，林徽因知道，此刻的徐志摩，正享着生命中，难得的平静。

他说他爱水，爱空中的飞鸟，爱车窗外掣过的田野山水。星光的闪动，草叶上露珠的颤动，花须在微风中的摇动，雷雨时云空的变动，大海中波涛的汹涌，都是触动他感性的情景，都是他的灵感。现在，他与青山同体，坐拥心中最美的风景。

图书在版编目（CIP）数据

愿你出走半生，归来仍是少年：徐志摩传/姜雯漪著. -- 北京：中国华侨出版社，2020.10（2024.6 重印）

ISBN 978-7-5113-8174-3

Ⅰ.①愿… Ⅱ.①姜… Ⅲ.①徐志摩（1896-1931）—传记 Ⅳ.① K825.6

中国版本图书馆 CIP 数据核字（2020）第 078196 号

愿你出走半生，归来仍是少年：徐志摩传

著　　者：姜雯漪
责任编辑：刘晓燕
封面设计：冬　凡
美术编辑：盛小云
经　　销：新华书店
开　　本：880mm×1230mm　1/32 开　印张：5.5　字数：137 千字
印　　刷：三河市众誉天成印务有限公司
版　　次：2020 年 10 月第 1 版
印　　次：2024 年 6 月第 4 次印刷
书　　号：ISBN 978-7-5113-8174-3
定　　价：35.00 元

中国华侨出版社　北京市朝阳区西坝河东里 77 号楼底商 5 号　邮编：100028
发 行 部：（010）58815874　传　真：（010）58815857

如果发现印装质量问题，影响阅读，请与印刷厂联系调换。